Serie de Teoría Jurídica y Filosofía del Derecho N.º 88

Confines del constitucionalismo

Herrera, Carlos Miguel

Confines del constitucionalismo / Carlos Miguel Herrera. - Bogotá: Universidad Externado de Colombia. 2017.
    294 páginas ; 16,5 cm. (Teoría Jurídica y Filosofía del Derecho ; 88)

Incluye referencias bibliográficas (páginas 293-294)

ISBN: 9789587728255

1. Derecho constitucional 2. Teoría constitucional 3. Control de constitucionalidad 4. Derechos civiles I. Universidad Externado de Colombia II. Título III. Serie.

342   SCDD 15

Catalogación en la fuente -- Universidad Externado de Colombia. Biblioteca. EAP.
                                        Noviembre de 2017

CARLOS MIGUEL HERRERA

Confines del constitucionalismo

Universidad Externado de Colombia

Serie orientada por CARLOS BERNAL PULIDO

ISBN 978-958-772-825-5

© 2017, CARLOS MIGUEL HERRERA
© 2017, UNIVERSIDAD EXTERNADO DE COLOMBIA
  Calle 12 n.º 1-17 este, Bogotá
  Tel. (57-1) 342 0288
  publicaciones@uexternado.edu.co
  www.uexternado.edu.co

Primera edición: noviembre de 2017

Ilustración de cubierta: *Cromwell ante el ataúd de Carlos I*,
por Paul Delaroche, óleo sobre tela, 1831
Composición: Precolombi-David Reyes

CONTENIDO

Contenido 9

PARA UNA CRÍTICA DE LA RAZÓN CONSTITUCIONAL

En relación con su pequeña dimensión, la ambición que trazuma este libro podría parecer desmesurada. Porque la pregunta subyacente a lo largo de sus páginas es: ¿qué puedo pensar como derecho constitucional? Pero, por cierto, no se trata de la refundación de una nueva ciencia a partir de estos análisis forzosamente apretados, sino de constatar a través de ellos algunos de los límites de las prácticas actuales del Derecho constitucional[1]. En una perspectiva de filosofía del derecho.

En verdad, en contraposición a cierta miseria teórica de la disciplina universitaria –y que no se explica únicamente por la importancia de la tecnicidad jurídica que aparejó el desarrollo de la justicia constitucional en las últimas décadas–, nuestra época ha visto una multiplicación de estudios especulativos de todo tipo, a tal punto que se afirma cada vez más,

---

1 En el curso de esta obra la mayúscula en Derecho constitucional hará referencia a la disciplina, tal como está institucionalizada en las facultades de derecho, mientras que su expresión en minúscula aludirá al objeto.

al menos en ciertas culturas jurídicas, la existencia de una Teoría constitucional como materia específica.

Empero, dicha teoría ha tomado más de una vez un sesgo normativista en el plano epistemológico, que desemboca de manera inevitable en cierta teleología en un plano histórico, sobre todo de cara a los países poscoloniales. Esta situación pudo verse reforzada por la extensión del Estado de derecho en la Europa post 1989, que alentaría la idea de un derecho constitucional cada vez más homogéneo en las partes más desarrolladas del planeta, si bien el razonamiento suponía ignorar que el Norte tiene su propio Sur, aunque se ubique al Este. En todo caso, ambas perspectivas se encuentran en efecto correlacionadas. Se parte a menudo de lo que debe ser una institución, por ejemplo el "Estado de derecho" o la "justicia constitucional", o bien se podría empezar por la noción misma de "constitución", para razonar luego que un derecho constitucional positivo debe seguir ciertas etapas hasta alcanzar su completo desarrollo. No por nada, la muy célebre metáfora de los tres estadios de la constitución en la clasificación ontológica de Karl Loewenstein ha perseguido como un espectro al constitucionalismo latinoamericano. En lo que la tesis del constitucionalismo nominal contiene de finalista, se adivina un espacio homogéneo, una temporalidad única, que permitía desde un centro juzgar como anacrónicas o desviantes ciertas prácticas, que no deberían ser descartadas tan rápidamente como "anticonstitucionales", al menos en lo que tienen de democráticas.

Si se busca desbaratar las pretensiones normativistas del constitucionalismo y poner en jaque sus evolucionismos, otra teoría constitucional debería partir de la importancia de la historia conceptual, una dimensión diacrónica que no se agotase en precisar pasados contextos, sino que iluminase las significaciones plurales, polisémicas incluso, del constitucionalismo.

Pero como en toda historia conceptual, el planteo de los límites del derecho constitucional adquiere su plena importancia desde un presente de cambios considerables. Si hubiera que definir con una única palabra el período acaso fuera "expansión" la más adaptada. En verdad, la expansión ha sido el régimen histórico por excelencia del constitucionalismo, pero las características de este momento tienen algo de específico, como de propagación. Peculiaridades, se sabe, que nacen de la gran transformación producida en el mundo después de 1989, con el fin del modelo institucional que había desafiado en el siglo XX a la democracia constitucional, las llamadas "democracias populares". En ese sentido, la nueva expansión no se hacía venciendo la resistencia de expresiones que se juzgaban arcaicas, como las monarquías absolutas, sino en detrimento de un proyecto que había buscado superar al propio constitucionalismo en una forma superior, lo que condujo a reforzar el normativismo de su sistema. No nos interesa aquí volver sobre este proceso más que para realizar una simple constatación empírica: la extensión del lenguaje y de las instituciones del constitucionalismo a todo el planeta, que hace incluso que tenga sentido para un jurista chino hablar hoy de (*socialist*) *Rule of Law*.

Sin embargo, no se trataba de una mera difusión geográfica de un constitucionalismo que permanecería invariable en su esencia, sino que con ella se producirían también importantes transformaciones materiales y conceptuales. Quizás sea la Constitución colombiana de 1991 la primera expresión de conjunto de este complejo proceso. Aún envuelta por las sombras del alba, surgieron allí los primeros signos de un cambio importante, que quizás puedan resumirse toscamente en dos aspectos: la ampliación de las garantías de los derechos fundamentales y el ensanchamiento de la concepción de la separación de poderes, fenómenos ambos que tenían por epicentro la justicia constitucional.

Estas características y otras que surgirán en el espacio de casi tres décadas nos pueden indicar una dirección. Por cierto, no es la ambición de nuestra empresa reconstruirla como un todo, por ejemplo bajo la forma de un "constitucionalismo global". Mucho menos como un "neoconstitucionalismo", que se presente como un nuevo paradigma que haría de la protección de los derechos fundamentales, más que la limitación del poder, el centro de su accionar. Pero no se busca tampoco desarrollar un "constitucionalismo post-colonial". Se trata más bien de identificar un conjunto de aspectos que la globalización del constitucionalismo deja al desnudo, para repensar el concepto de derecho constitucional en un marco más amplio, tanto temporal como de sentido. Una concepción meta-teórica que, como lo escribía magistralmente el historiador indio Dipesh Chakrabarty, reconoce que "es políticamente necesario pensar en términos de totalidad", y al mismo tiempo quiere "perturbar el pensamiento totalizador haciendo jugar categorías no totalizantes"[2].

En esa óptica, hablamos de confines del constitucionalismo (y no de un "constitucionalismo de los confines", como ya se ha hablado de un "constitucionalismo del Sur"). Por lo pronto, los confines a los que no referimos aquí no son un mero lugar geo-político. Si hacen referencia a un espacio, este tiene que ver con las fronteras del propio constitucionalismo. Los márgenes no son otra cosa que los extremos de un todo, pero no encarnan una sustancia diferente. En cambio, permiten ver que el núcleo central no es una esencia que permita definir el todo; que es una parte –capital, claro– pero no un centro que irradia hacia sus marcas.

Esto aparecerá tal vez con mayor claridad en la segunda parte de este libro, donde el derecho constitucional de una región –América Latina– venga a cuentas no como un puro caso particular, una rareza, sino para advertir que el constitucionalismo no puede ser reducido a un concepto *a priori* o a sus modalidades europeas. Esta preocupación por comprender el

---

2   D. CHAKRABARTY, *Provincializing Europe: Postcolonial Thought and Historical Difference* (2000), Princeton University Press, 2007, p. 61.

conjunto de un proceso desde sus bordes nos lleva, por cierto, a prestar atención a conceptos que no formaron parte del núcleo originario del constitucionalismo de los siglos XVII y XVIII, aunque terminasen jugando un papel en las constituciones positivas en el siglo XX, como la noción de solidaridad. Más aún, en las páginas de este libro, el constitucionalismo es puesto en tensión con otros conceptos que, al menos en Europa occidental, son vistos como antitéticos al Estado de derecho, como populismo. Pero cuando se busca determinar los nuevos avatares de esa relación siempre abierta entre democracia y constitucionalismo, se recurre a la vieja idea, fundante del constitucionalismo moderno, de contrapoder. Sobre todo, no es posible evitar detenerse en la institución que tal vez mejor resuma las transformaciones del constitucionalismo en la segunda mitad del siglo XX, la justicia constitucional.

La obra cuenta con dos partes. En la primera de ellas se focalizan las transformaciones del constitucionalismo, tanto en lo que se refiere a sus prácticas institucionales cuanto a las significaciones del concepto. De alguna manera, el eje aquí es interno, porque se parte de dos problemas propios del constitucionalismo originario, el reconocimiento de derechos, de un lado, y el papel del juez como garante de los mismos, del otro.

La segunda parte se centra en los otros constitucionalismos posibles, ya perceptibles en las transformaciones "internas" analizadas precedentemente, pero ilustradas ahora por la tensión social que ponía en tela de juicio sus pretensiones universales desde el siglo XIX por lo menos. En efecto, se estudian aquí prácticas cuyo vínculo con el constitucionalismo fue considerado tradicionalmente más problemático por el Derecho constitucional, como es el caso de las protestas sociales, o incluso directamente antitético con el Estado de derecho, como es el populismo.

Como el lector lo descubrirá recorriendo los diferentes capítulos, no se trata de separar ambas perspectivas como un pasado y una actualidad. En ambas partes, la historia y el presente se encuentran irremediablemente entrelazados. Las posibilidades de un Derecho constitucional futuro pasan por comprender ambas, y más aún, el carácter inescindible de esa relación.

PRIMERA PARTE
LAS VICISITUDES
DEL CONSTITUCIONALISMO

La actualidad del constitucionalismo en nuestras sociedades presupone también su contingencia. Paradójicamente, este aspecto aparece a menudo con mayor claridad en sus prácticas que en las reconstrucciones propuestas por la disciplina universitaria, aferrada a sus viejas categorizaciones. Esta posición, sin embargo, parecería acarrear un doble riesgo: no ser conscientes, en primer lugar, de que la expansión del constitucionalismo tiene que ver con su capacidad de integrar demandas (políticas, sociales) que fueron consideradas durante mucho tiempo como ajenas a su sistema de ideas. Por ende, estas transformaciones histórico-constitucionales interpelan irremediablemente a sus conceptos, trastocando su lugar en las reconstrucciones habituales.

La parte inaugural del libro va integrando sus análisis en un movimiento que se particulariza en cada capítulo.

El primero de ellos se abre con una discusión sobre el alcance del concepto de constitucionalismo a través de algunos de sus avatares históricos. Si se pretende determinar los diversos tipos de transformaciones del concepto, no se trata de articular un relato de tipo evolutivo, sino de la identificación de sus estructuras de cambio. Este apartado dará, sobre todo, la coloración metodológica de los estudios que

siguen, tanto por su preocupación por las reconstrucciones histórico-conceptuales como por su acento en
las discontinuidades del relato constitucional.

El segundo capítulo encara la cuestión de la
relación entre el principio de la llamada separación de poderes, una de las primeras traducciones
jurídico-conceptuales del constitucionalismo, y la
democracia, que lo tensionará de manera permanente tras producirse las revoluciones burguesas
de finales del siglo XVIII, y hasta nuestros días. En la
actualidad, la presión parece revelarse incluso por
el papel del juez, cada vez más importante en los
sistemas modernos, sobre todo con la extensión del
constitucionalismo democrático. Justamente, ciertos
derechos reconocidos en los ordenamientos actuales,
en particular los derechos sociales, muestran bien las
transformaciones que se realizan con respecto a las
visiones tradicionales.

Munidos de estos elementos, parece indispensable
interrogarse con mayor detalle sobre los cambios producidos en lo referente a la autoridad de la justicia
constitucional en los discursos jurídicos. En efecto,
si esta institución se ha generalizado con el nuevo
constitucionalismo que cobra impulso en la última
década del siglo pasado, es a menudo tomada como
un bloque único por la dogmática jurídica. En el capítulo tercero veremos una vez más que no se trata tan
solo de evoluciones, aunque los cambios puedan ser
identificados en el tiempo, sino, a menudo, de verda-
deras rupturas con las representaciones habituales.

Esta primera parte se cierra con un último ajuste focal, en virtud del cual examinaremos cómo las nuevas modalidades de eficacia de los derechos sociales trastocan su relación con una noción clave del Estado de derecho liberal, la seguridad jurídica. El papel del juez en ella desbarata de algún modo las viejas incompatibilidades que fueron defendidas durante largo tiempo por la doctrina jurídica, que se negaba a concebir al orden constitucional como vector de transformación social.

CAPÍTULO PRIMERO
VARIACIÓN, EVOLUCIÓN, METAMORFOSIS. LAS SIGNIFICACIONES DEL CONCEPTO DE CONSTITUCIONALISMO

Toda reflexión sobre los conceptos jurídicos debe partir de una peculiaridad: la gran estabilidad de sus expresiones. Lo que explica que el lenguaje del derecho utilice muchas formulaciones cuyo origen podría remontarse a la antigüedad romana. El historiador alemán Reinhart Koselleck ha explicado esta particularidad de la "estructura temporal" del derecho, recalcando el hecho de que "los enunciados jurídicos (*Rechtssätze*) son legados, retomados, transformados o reformulados, aspirando a una aplicabilidad duradera" que va más allá de la diacronía de un único acto histórico. Más aún, "la unidad de medida temporal del derecho [...] descansa sobre su repetibilidad estructural (*strukturellen Wiederholbarkeit*)", porque su conceptualidad aspira a la duración. Incluso las innovaciones en la materia "no pueden adquirir calidad jurídica si no contribuyen a la construcción de estructuras repetibles", lo que explica, como veremos enseguida, una utilización

del concepto de constitucionalismo que atraviesa
más de tres siglos[1].

Otras precisiones deben ser aportadas, siempre
desde una perspectiva de historia conceptual. La
primera se refiere al carácter de los conceptos en
general: estos están "siempre cargados de más de
un sentido a la vez"; son, pues, "concentrados de
una multitud de significaciones"[2]. La segunda toca a
su historicidad: toda historia del concepto va "de la
determinación del sentido pasado a la fijación de ese
sentido por nosotros". Si bien sincronía y diacronía no
pueden ser distinguidas, según Koselleck, más que

---

1   R. KOSELLECK, "Histoire, droit et justice" (1987), trad. fr. en R.
     KOSELLECK, *L'expériencie de l'histoire*, Paris, Gallimard-Le Seuil,
     1997, pp. 175-179 [trad. modificada]. En el mismo sentido,
     R. KOSELLECK, "Begriffsgeschichtliche Probleme der Verfas-
     sungsgeschichtsschreibung" (1981), ahora en R. KOSELLECK,
     Begriffsgeschichten, Frankfurt a.M., Suhrkamp, 2006, p. 367.
     Esto supone no reducir la historia de los conceptos jurídicos
     "a las configuraciones cambiantes de intereses", lo que des-
     truiría "el contenido propio" de esos conceptos, dado que ser
     repetible es una característica de la estructura temporal de la
     historia del derecho. En su crítica de la historia constitucional
     alemana, y sus tendencias historicistas, Koselleck insistirá en la
     especificidad de la herramienta conceptual para comprender
     la transformación diacrónica de un concepto, más allá de su
     contexto de producción. En ese sentido, afirma que la historia
     constitucional no solo es histórica, sino que también supone
     cuestiones teóricas y estructurales, a las cuales "no se puede
     responder sin los conceptos".

2   Ver R. KOSELLECK, "Histoire des concepts et histoire sociale",
     en R. KOSELLECK, *Le futur passé. Contribution à la sémantique des
     temps historiques* (1979), trad. fr., Paris, EHESS, 1990, p. 108.

desde un punto de vista analítico, la última apunta a "la profundidad temporal igualmente contenida en todo evento actual". Esos presupuestos son esenciales porque los conceptos "limitan las posibilidades de acción, en la medida en que no permiten o no admiten más que ciertas posibilidades"[3]. Lo que conlleva siempre un "combate semántico" para determinar su sentido actual, y supone, a su vez, no olvidar la dimensión pragmática de los conceptos.

Si los conceptos jurídicos, sus significaciones, se hallan atravesados por la historia, están, por ende, sujetos a profundas alteraciones. Pero es en el seno del propio concepto que podemos encontrar las marcas de esos cambios. Como los otros conceptos del léxico político, los conceptos jurídicos guardan los rastros de esas modificaciones, formando una estructura escalonada de significaciones. Desde esta óptica, la tríada variación/evolución/metamorfosis podría ofrecer una herramienta para profundizar esas mutaciones conceptuales. A condición de no ser interpretada como momentos de una cadena cronológica única, que las vería sucederse una tras otra. La secuencia es, de algún modo, estructural: las tres modalidades de cambio son discontinuas y pueden presentarse de manera contemporánea en una temporalidad homogénea. Para decirlo de otra

---

3   Ver R. Koselleck, "Histoire sociale et histoire des concepts", en Koselleck, *L'expérience de l'histoire*, cit., pp. 111-112.

forma, la evolución es una de las modalidades del cambio, no su clave.

Estas observaciones nos parecen necesarias para analizar el caso de uno de los conceptos que recorre el universo semántico del derecho público desde hace ya tres siglos, "constitucionalismo", cuyas transformaciones son tal vez más importantes aún que los cambios ocurridos con el concepto del que deriva, "constitución", en el sentido moderno del término, que situamos en la segunda mitad del siglo XVIII[4]. En todo caso, en vista de su carácter inseparable –el constitucionalismo es un sistema de pensamiento que está ligado a la idea de constitución–, se puede sostener incluso que es el concepto de "constitucionalismo" el que rige, determina las mutaciones del concepto de "constitución", a partir del momento en que la existencia de una norma suprema de carácter supralegislativo se ha generalizado como forma jurídica de todo sistema positivo[5]. En otros términos, es el concepto de "constitucionalismo" el que permite comprender el carácter de una "constitución", convertida en norma jurídica, positiva y aplicable.

---

4   Koselleck, "Begriffsgeschichtliche Probleme der Verfassungs-geschichtsschreibung", cit., p. 337.

5   Una forma de "fin de la historia constitucional", descrita por J. Hummel, supondría "la constitución como una forma que perdura más allá del curso sin cesar renovado de la materia". Ver J. Hummel, "Histoire et temporalité constitutionnelles", en C. M. Herrera y A. Le Pillouer (eds.), *Comment écrit-on l'histoire constitutionnelle?*, Paris, Kimé, 2012.

Otro grupo de puntualizaciones pareciera igualmente necesario. La primera, sobre el tipo de concepto jurídico en cuestión aquí: con "constitucionalismo" estamos ante un concepto teórico más que dogmático (entendiendo a estos como aquellos que son construidos en vista de un sistema jurídico dado, y por lo tanto, puestos bajo la dependencia de normas jurídicas positivas[6]). La siguiente toca a la pluralidad de sus acepciones externas: la expresión "constitucionalismo" es utilizada tanto para describir un cierto tipo de sistema político-jurídico (el gobierno limitado) como para referirse a una disciplina (el Derecho constitucional), o incluso a una doctrina particular, ya sea en materia política (el pensamiento liberal), ya sea, más recientemente, en teoría del derecho (el tipo de sistemas constitucionales europeos posteriores a 1945 para los que se habla de "neo-constitucionalismo").

Más importante aún para nuestro análisis: no debe olvidarse que el concepto ha mostrado siempre una oscilación entre un carácter prescriptivo y uno descriptivo. En ese sentido, la apropiación del concepto por parte de los juristas, que termina por evacuar su uso de los discursos políticos, no es auto-

---

6   Algunos autores hablan incluso de conceptos diferentes para distinguir aquellos del derecho y aquellos de la teoría del derecho. Ver L. FERRAJOLI, "La semantica della teoria del diritto", en U. SCARPELLI (ed.), *La teoria generale del diritto. Problemi e tendenze attuali*, Milano, Comunità, 1983, y L. FERRAJOLI, "La pragmatica della teoria del diritto", *Analisi e diritto*, 2002-2003.

máticamente sinónimo de un uso "neutro". No por nada se ha señalado la complejidad del lenguaje del constitucionalismo, y en particular su plasticidad, debida al hecho de que podemos hallar el concepto en diferentes tradiciones políticas, que definen sus propios regímenes de uso normal[7]. Finalmente, y sobre todo –ya que es la razón por la cual nos detenemos aquí en él–, el concepto continúa siendo utilizado en nuestros días, en todos sus sentidos.

Algunos historiadores asociaron la emergencia del constitucionalismo a la modernidad, encontrándolo ya en la idea de gobierno temperado o moderado en ciertos representantes del republicanismo, como Maquiavelo y James Harrington[8]. Pero su filiación resulta mucho más precisa a fines del siglo XVII, en la teoría de John Locke y más tarde en las obras respectivas de Montesquieu y de Jean-Louis de

---

7   JAMES TULLY, *Une étrange multiplicité. Le constitutionalisme à une époque de diversité*, Québec, Les Presses de l'Université Laval, 1999, pp. 35-36. Tully habla de ensamblajes de lenguajes, que resultan cada vez más ricos por fuera de las culturas constitucionales dominantes (que son para Tully, respectivamente, el liberalismo, el nacionalismo y el comunitarismo).

8   M. FIORAVANTI, *Costituzionalismo. Percorsi della storia e tendenze attuali*, Roma-Bari, Laterza, 2009. Este autor distingue entre un constitucionalismo de los orígenes y un constitucionalismo de las revoluciones. Para una reconstrucción más ajustada al concepto jurídico de constitución, ver D. GRIMM "Entstehungs- und Wirkungsbedingungen des modernen Konstitutionalismus" (1987), ahora en D. GRIMM, *Die Zukunft der Verfassung*, Frankfurt a.M., Suhrkamp, 1991.

Lolme sobre la monarquía inglesa, aun cuando la expresión como tal es más tardía. Sea como fuere, el concepto de constitucionalismo es más reciente que aquel de "constitución", cuyas primeras significaciones se ubican generalmente en la *Politeia* de Aristóteles. Ciertamente, se ha podido hablar también de "constitucionalismo antiguo" y en especial de "constitucionalismo medieval", pero esas acepciones oscurecen lo que hay de específico en el concepto moderno de constitucionalismo, a saber, una visión restringida de constitución –un texto o un conjunto de textos jurídicos formales y rígidos que garantizan un conjunto coherente de derechos y de instituciones–, que permitirá a aquel adquirir a su vez un sentido propio. En esta óptica, el concepto de constitucionalismo aparece en realidad en el momento de las grandes revoluciones burguesas de fines del siglo XVIII, teorizado especialmente por un autor como Thomas Paine[9]. Es a partir de ese momento que el constitucionalismo se afirma como "[u]n movimiento de pensamiento orientado [...] a perseguir finalidades políticas concretas, consistiendo esencialmente en la limitación de los poderes

---

9 A propósito de la Constitución norteamericana, Paine señala que ella *"serving not only as an authority, but as low of the control to the government"*. Ver T. PAINE, *The Rights of Man*, Parte II (1792), en T. PAINE, *Political Writings*, Cambridge, Cambridge University Press, 1989, p. 176.

públicos y en la afirmación de esferas de autonomía normativamente garantizadas"[10].

En verdad, se puede resaltar aún más su especificidad, subrayando que la limitación del poder político se asocia a un diseño jurídico. En efecto, el fin político "es realizado por medio del *derecho*, por medio de la constitución concebida como jurídica"[11]. En ese sentido, el constitucionalismo moderno se encuentra condensado en el célebre artículo XVI de la Declaración de los Derechos del Hombre y del Ciudadano de 1789: "En toda sociedad en la cual la garantía de los derechos no esté asegurada, ni la separación de los poderes determinada, no hay constitución". La separación de poderes y el reconocimiento de derechos (naturales) constituyen pues los dos elementos de esta limitación jurídica (constitucional) del poder.

Es a partir de la estabilización de esta significación del constitucionalismo de finales del siglo XVIII que interesa medir las modalidades de su mutación.

---

10 Fioravanti, ob. cit., p. 5. El autor insiste en el hecho de que el constitucionalismo representaría "el lugar de la pluralidad, del límite, de la garantía" (ibíd., p. V).

11 O. Beaud, "Constitution et constitutionalisme", en P. Raynaud y S. Rials (eds.), *Dictionnaire de la philosophie politique*, Paris, PUF, p. 118. Este aspecto ya estaba presente en el clásico libro de McIlwain: "In all its successive phases, constitutionalism has one essential quality: *it is a legal limitation on government*". Ch. H. McIlwain, *Constitutionalism Ancient and Modern*, Ithaca, Cornell University Press, p. 24 (el resaltado es nuestro).

I. Variaciones

Y muy rápidamente, en efecto, importantes variaciones van a producirse en relación con esta primera significación histórica.

Estas tocan a las modalidades de dicha limitación, y oponen, según una reconstrucción habitual, las dos revoluciones burguesas del siglo XVIII entre sí, diferenciándose a su vez del primer proto-modelo, la monarquía inglesa (sin documento constitucional autónomo y único). En el caso de Estados Unidos, aunque de una manera menos transparente de lo que se pretende habitualmente, la modalidad de esta limitación termina por cimentarse en torno al poder judicial y su capacidad de ejercer un control de constitucionalidad de la ley. Según un relato tradicional, el movimiento habría comenzado con el fallo de la Corte Suprema Federal en el caso *Marbury v. Madison*, de 1803, por intermedio del voto de su presidente John Marshall, aunque esta afirmación del poder judicial no era concebida en esa época como una garantía de los derechos individuales, y ni siquiera como un control permanente si pensamos que será necesario esperar a 1856 –pese incluso al hecho de que el propio Marshall permanecerá en funciones hasta 1835– para tener una segunda sentencia, que, no cita el fallo *Marbury* como precedente[12].

---

12 Ver J. N. Rakove, "Les origines du contrôle de constitutionnalité: plaidoyer pour de nouveaux contextes" (1997), en R. W.

Eso no impide que la centralidad del juez constitu-
ya ya una variante que distinguiría el constitucionalismo norteamericano de su predecesor inglés, que no
preveía la limitación de la soberanía del Parlamento.
Es una variación asimismo en relación con su contemporáneo francés, que hará de la ley elaborada por el
Parlamento la expresión de la voluntad general. En
efecto, para los revolucionarios franceses, interpretar
la ley significaba tener el poder de rehacerla, y por
lo tanto era necesario preservar esta facultad para
el legislador (y prohibir a los tribunales ejercerla[13]).
El constitucionalismo galo aparece ante todo como
un principio de legitimación del poder político, que
pone al "pueblo", a su "voluntad" como garantía
contra lo arbitrario.

Permanecemos, sin embargo, en el terreno de las
variaciones, porque el nudo del constitucionalismo
–la limitación de la arbitrariedad del poder por la
constitución– permanece inmutable; simplemente,
la cultura legicentrista francesa obstruirá algunas

GORDON, W. W. FISHER y J. N. RAKOVE, *Écrire l'histoire du droit.
Réflexions méthodologiques*, trad. fr., Paris, L'Harmattan, 2006,
p. 187. El autor avanza la idea de que el objeto de la sentencia
era menos la separación de los poderes que el federalismo
como forma de gobierno y la afirmación de la independencia
y la autoridad del poder judicial.

13 M. TROPER, "La notion de pouvoir judiciaire au début de la
    révolution française" (1993), ahora en M. TROPER, *La Théorie
    du droit, le droit, l'État*, Paris, PUF, 2001. Si resultara inevitable
    la interpretación ("concreta") para aplicar la ley, ella será
    controlada por un tribunal de casación.

vías, en tanto que la cultura judicial norteamericana afirmará otras.

Surgirán, sin embargo, evoluciones en sentido propio. Estas tocan al objeto mismo de la limitación constitucionalista, y con ella, a sus finalidades.

II. EVOLUCIONES

La idea de poder constituyente había desplegado todo su alcance jurídico en el concepto de constitución, después de la emergencia revolucionaria del tercer estado. Esta irrupción constitucional del "pueblo" atravesará muy naturalmente la cuestión de la limitación del poder y especialmente de su variante judicial, en la cual la referencia ocupa un lugar central. Para Thomas Paine, si el gobierno era "solo la criatura de la constitución", esta es el acto, no de un gobierno, sino "del pueblo constituyendo un gobierno". El constitucionalismo no es solo limitación, sino limitación decidida por el pueblo: *"The final controlling power, therefore, and the original constituting power are one and the same power"*[14]. Este razonamiento cimentará, en Estados Unidos, la vía de la supremacía de la Constitución en relación a la ley, tal como se expresa en el voto de Marshall en 1803, dado que la primera expresa la voluntad originaria del pueblo allí donde la segunda representa solo elecciones coyunturales.

---

14 PAINE, ob. cit., p. 180.

Pero el reconocimiento de un poder democrático, al menos en lo referente a la elaboración de la constitución, hará evolucionar el constitucionalismo del siglo XIX en otras direcciones.

La primera de esas evoluciones alude al objeto mismo de la limitación. Muy rápidamente, cuando la emergencia de un orden democrático se haga presente en el horizonte del constitucionalismo, ya no se tratará más de limitar un poder absoluto representado por una institución (un monarca, o de manera más general el Estado), sino también a la "mayoría del pueblo". De hecho, la restricción de la soberanía popular, que da a la limitación del poder una dimensión contra-mayoritaria, permitirá la consolidación del liberalismo a través del constitucionalismo, tal como se esboza en la obra de Benjamin Constant, y más tarde en Alexis de Tocqueville. El primero, para quien "la constitución es la garantía de la libertad de un pueblo", señalará que la autoridad de la ley conoce restricciones, "la soberanía del pueblo no es ilimitada y su voluntad no alcanza para legitimar todo lo que él quiera". Para el segundo, el control de constitucionalidad ejercido por los tribunales norteamericanos aparece además como "una de las más poderosas barreras que jamás se hayan levantado contra la tiranía de las asambleas políticas"[15].

---

15 B. Constant, *Principes de politique*, ahora en B. Constant, *De la liberté chez les modernes*, Paris, Hachette, 1980, p. 274; A. de Tocqueville, *De la démocratie en Amérique*, t. I, 1, cap. VI.

Es también una evolución de otro tipo la que se va a desarrollar en el siglo XX, cuando la constitución alcance su estatuto normativo definitivo en la cultura jurídica europea. Aunque el concepto de constitución, en el sentido moderno del término, conlleva la idea de una norma suprema, solo a partir de cierto momento será considerada además como una regla jurídica positiva –no meramente "política" o "simbólica"–, es decir, como una norma aplicable por un tribunal competente, en última instancia, una corte constitucional.

Si acabamos de analizar bajo el título de "variación" el lugar dado al juez en el constitucionalismo norteamericano, podemos imaginar que, por el contrario, estamos frente a una "evolución" cuando, a partir de 1945, las constituciones, al principio en la Europa postotalitaria, luego en otras comarcas, adoptan al interior del mecanismo de control de la constitucionalidad la garantía de derechos que resultan entonces "fundamentales" (según una terminología de origen alemán que se refiere a la aplicación directa, por el juez, de un derecho reconocido en el texto constitucional sin pasar por la ley).

Se irá más lejos en la evolución cuando esta constitución sea concebida como una norma conectada a la moral, para convertirse en un valor o un conjunto de valores, sin perder sin embargo por ello su carácter jurídico-positivo. Se ha hablado de un *neo-constitucionalismo* –una expresión reciente para describir esta evolución de los sistemas jurídicos

comenzados después de fines de la Segunda Guerra
Mundial. Según sus promotores, la centralidad de
los derechos fundamentales en el esquema de garantías comporta una evolución en relación con el
constitucionalismo del siglo XVIII. El desarrollo, la
protección y la garantía de esos derechos –es decir su
realización– se autonomizan del modelo de limitación del poder, para convertirse en su propio eje, en
tanto que la limitación del poder como tal pasaría a
segundo plano. Se estima que toda actividad de los
otros poderes debe conducir, además, a la extensión
de esos derechos fundamentales[16], a punto tal que se
denomina a veces este avatar como "constitucionalismo de los derechos". Ubicados en este terreno, es
el juez – especialmente el juez constitucional– quien
se sitúa en el centro del sistema, incluso en las tradiciones jurídicas europeas continentales que parecían
apartarlo en un primer momento.

III. Metamorfosis

Estas también son variadas y se ubican en contextos
históricos diferentes. La importancia de esta trans-

---

16 Para un análisis teórico, ver los estudios reunidos en C.
Bernal Pulido, *El neoconstitucionalismo y la normatividad del
derecho*, Bogotá, Universidad Externado de Colombia, 2009;
C. Bernal Pulido, *El neoconstitucionalismo a debate*, Bogotá,
Universidad Externado de Colombia, 2006. Para una crítica
ver P. Comanducci, "Formas de (neo) constitucionalismo. Un
análisis metateórico", *Isonomía*, n.° 16, 2002.

formación termina dando al constitucionalismo otra característica de conjunto, y por ello se suele adjetivarlo.

La primera transformación es aquella que dará lugar al llamado constitucionalismo *social*, sobre la que volveremos en otros capítulos de este libro. Ese constitucionalismo es siempre concebido –en un primer momento, al menos– en una lógica de limitación del poder; solo que ya no se trataría únicamente del despotismo del poder político, sino también del abuso del poder económico y especialmente de la propiedad privada. La terminología en ese sentido permanece estable y a fines del siglo XIX se habla en Alemania de una "constitución de fábricas", tendiente a limitar el poder del patrón. Ante todo, esas reivindicaciones sociales y económicas serán presentadas, como en 1789, en términos de "derechos", más exactamente de "derechos de los trabajadores", y poco después, en una perspectiva más amplia, como "derechos sociales". Salvo que la defensa de los derechos no se restringe a las garantías de la libertad personal, sino que se extiende también a la producción de ciertos estándares que tocan a la existencia (o la "vida", o también la "dignidad") humana.

En ese sentido, la limitación como tal no agota la gramática de ese nuevo constitucionalismo. Esos nuevos derechos demandan generalmente la acción, más exactamente el intervencionismo estatal, aunque el Estado actúa también en esta materia bajo modalidades negativas e indirectas (por la vía de las prohibiciones). La voluntad de promover un modelo de sociedad, que ya estaba presente, aunque más no fuera de manera negativa, en el constitucionalismo originario, recibe en ese momento otra traducción, en términos de programa –a veces muy detallado por las normas constitucionales– de transformación social. Las constituciones de México, en 1917, y de la República alemana, en 1919, consagran por primera vez esta mutación del constitucionalismo "liberal". En todo caso, el Estado interviene siempre a través de mecanismos constitucionales –eso que nosotros hemos llamado, en otra parte, la tríada del constitucionalismo social[17]–, pero no solamente con fines de limitación política.

Esta importante transformación conducirá más recientemente a repensar el constitucionalismo a partir del desarrollo de un poder democrático, como prolongamiento y actualización permanente del poder constituyente. La base social de esta transformación alcanzará, en estos últimos decenios, una dimensión más universal que el llamado *constitucionalismo social*, bajo el nombre de *constitucionalismo transformador* o *nuevo constitucionalismo*. Según esas nuevas

---

17 Esta consiste en la articulación de tres tipos de normas: un principio de igualdad material, la limitación de la propiedad privada por su carácter social, y el reconocimiento de un conjunto de derechos ligados al trabajo. Ver C. M. Herrera, "Estado, constitución y derechos sociales" (2003) y C. M. Herrera, "El pensamiento social del constitucionalismo" (2008), ambos reunidos ahora en Id., *Los derechos sociales, entre Estado y doctrina jurídica*, Bogotá, Universidad Externado de Colombia, 2009.

modelizaciones, la potencia democrática conduciría a repensar la distinción poder constituyente/poder constituido, devolviendo su preeminencia a la primera noción. En general, el soberano se encontraría en el interior del mecanismo constitucional en su conjunto –en su funcionamiento normal y permanente, y no únicamente en los procedimientos de revisión–, lo que entraña una serie de consecuencias explícitas, en relación con la aplicación y el cambio de la norma constitucional. De manera general, la constitución sería entendida como un mandato preciso de poder constituyente.

A veces estas transformaciones tocan a las instituciones históricas del constitucionalismo, sin suprimirlas. Para no dar más que un ejemplo, aquel del lugar (central) del juez constitucional, que verá ampliados sus poderes y esferas de decisión, pudiendo intervenir de oficio en algunas situaciones sociales u ordenar al Estado políticas públicas, ensanchando de manera general su campo de acción. Pero la transformación toca también a la construcción de una legitimidad más amplia de ese poder, por elección directa, a través del sufragio universal, de los miembros de las jurisdicciones supremas[18].

La metamorfosis actual del constitucionalismo pasa también por un cuestionamiento del marco estatal-nacional en el cual este se había desarrollado hasta ahora. Esta transformación presenta, al

---

18 Para más detalle, ver el capítulo quinto de este libro.

menos, dos aspectos diferentes, e incluso opuestos.
El primero, de alguna manera interno, concierne a
la inclusión de la multiplicidad en el seno del Estado, considerado hasta hace poco como monolítico e
indivisible, especialmente por el reconocimiento de
derechos específicos de algunos colectivos, que se
habían teorizado antes bajo una forma más limitada
de "minorías", como las mujeres, las comunidades
lingüísticas y, especialmente, los pueblos autóctonos[19]. El Estado soberano se vería de esa forma
transformado, deviniendo plural.

Esta metamorfosis presenta otra forma, vuelta esta
vez hacia el exterior de las fronteras estatales, y que a
veces se designa como *constitucionalismo transnacional*,
una fórmula que se enriqueció desde los años 1990,
y fue promovida activamente durante los debates
sobre una eventual "constitución europea", en el
decenio siguiente. Incluso si se presenta a veces como
una "prolongación" del constitucionalismo, por su
combate del absolutismo y de lo arbitrario[20], implica
en realidad un cuestionamiento de numerosos principios, entre ellos la conexión entre poder constituyente
y constitución –una constitución no tendría necesidad de un pueblo constituido para existir, o incluso
para ser elaborada. Se puede observar también que,

---

19 TULLY, ob. cit.
20 R. DEHOUSSE, "Un nouveau constitutionnalisme?", en R.
   DEHOUSSE (ed.), *Une constitution pour l'Europe?*, Paris, Presses
   de Sciences Po, 2004, p. 23.

contrariamente al siglo XVIII, donde el bosquejo del constitucionalismo había precedido a la realización de una constitución positiva –que debía traducir en instituciones los ideales expresados en la misma–, este cambio se desarrolla a partir de (se adapta a) instituciones ya existentes, lo que le hace perder al concepto su carácter crítico frente el estado de cosas jurídico que, ante todo, codifica y sistematiza.

*

Al final de nuestro recorrido –sin duda demasiado esquemático, y excesivamente rápido–, es posible identificar una cuestión más general: ¿a partir de qué grado de transformación debemos hablar de un nuevo concepto? Nos contentaremos aquí con un señalamiento metodológico: contra las visiones historicistas, antiguas o nuevas, es necesario afirmar que el cambio de un contexto no significa la transformación de un concepto. No solo por la complejidad observada entre historia y significación: en su pluralidad de sentidos, el concepto se afirma como el receptáculo de todas sus significaciones.

Notemos, por otra parte, que algunos juristas estiman que las mutaciones que venimos de describir significan, en realidad, una desnaturalización del constitucionalismo, de allí a sacar la constatación de su crisis, e incluso de su liquidación, hay sólo un paso[21]. A decir verdad, siempre hay una lucha política para dotar de sentido –de un sentido particular– al concepto. El surgimiento de esas cuestiones que hemos podido identificar en las adjetivaciones que sufre el "constitucionalismo" en sus metamorfosis, es también el indicador de una disputa alrededor de la significación del concepto.

Sobre todo, podemos poner en duda la creencia de algunos juristas que consideran que el conocimiento de la transformación de un concepto no nos dice nada sobre su situación actual, porque cada significación estaría ligada a un contexto particular, y se agotaría de alguna manera con su momento histórico[22]. En realidad, como lo recordaba Koselleck, "[l]os conceptos no nos enseñan solamente sobre el carácter único de sus significaciones pasadas. Sino que contienen posibilidades estructurales, tematizan las estructuras contemporáneas en medio de otras que no son contemporáneas, que no es posible reducir al solo desarrollo de los eventos de la historia"[23].

Cabe señalar asimismo que aun en los cambios más radicales, el concepto de constitucionalismo guarda

---

21 Ver el buen libro de J. Hummel, *Essai sur la destinée de l'art constitutionnel*, Paris, Houdiard, 2010, pp. 9-10, 63 ss.

22 Esta tesis es defendida por M. Troper en su ensayo "Les concepts de l'histoire constitutionnelle", en Herrera y Le Pillouer (eds.), *Comment écrit-on l'histoire constitutionnelle?*, cit., pp. 75-94.

23 Ver Koselleck, "Histoire des concepts et histoire sociale", cit., pp. 114-115.

en su estructura la idea de la limitación del poder o, lo que significa lo mismo, de garantía de la autonomía de las personas. Se trata menos de una cualidad esencial, que sería preservada a través del tiempo, que de la expresión de un proceso histórico propio de la modernidad, en la cual las esferas de autonomía –individuales, pero también sociales– aparecen como estructuras incomprensibles en la construcción del orden político así como lo arbitrario puede ser también económico, social, de género, racial, etc.

En ese sentido, en las mutaciones que atraviesan la significación del concepto de constitucionalismo podemos leer mucho más que variantes jurídicas: ellas ofrecen poderosas lentes para observar los profundos cambios sociales acaecidos en tres siglos.

CAPÍTULO SEGUNDO
DEMOCRACIA, PODER JUDICIAL,
DERECHOS SOCIALES

Los derechos sociales parecen situarse en el corazón de la nueva cuestión democrática. Por un lado, porque una parte importante de lo que hemos llamado la "multiplicación de los derechos" –es decir, el movimiento contemporáneo de traducción de reivindicaciones sociales a través de dicha forma jurídica– pasa por esta noción jurídica: el derecho a la alimentación, el derecho al agua, el derecho de los pacientes, el derecho a llevar una vida familiar normal son algunos de los ejemplos recientes de reformulaciones de demandas sociales en términos de derechos sociales[1]. Por otro lado, porque la distancia que pueden presentar los derechos con respecto a las políticas sociales, y en consecuencia del Estado, materializan una de las encarnaciones de los contrapo-

---

1 Por cierto, algunos de estos "nuevos" derechos podrían ser englobados en otras categorías ya existentes en la dogmática. Sin embargo, la novedad que pretenden expresar en términos de garantías y de protección obliga a pensarlos en una nueva constelación.

deres que estamos intentando identificar en nuestros análisis[2]. En ambos sentidos, se puede afirmar que la realización de los derechos sociales representa uno de los vectores jurídicos principales de la democratización de nuestras sociedades, al menos desde la óptica del derecho constitucional post 1945.

Al mismo tiempo, ahora desde una perspectiva metodológica, los "derechos sociales", en tanto concepto-límite del constitucionalismo, permiten explorar los ángulos muertos del derecho constitucional positivo, sus confines, sus tensiones.

En particular, nos permiten volver sobre la relación entre democracia y poder judicial, revelando algunas de sus perspectivas contemporáneas. Aquí abordaremos solo uno de los sentidos que encierra el nexo entre los tres conceptos enhebrados en el título del capítulo, aquel que atañe a la especificidad de la justiciabilidad de los derechos sociales, que torna candente la cuestión de las tensiones entre decisión democrática y justicia[3]. El poder judicial es un concepto

---

2 La referencia clásica la constituye a mi entender el libro de Georges Gurvitch, *La Déclaration des droits sociaux*, de 1946, que hemos reeditado recientemente en Francia (Paris, Dalloz, 2009).

3 En realidad, la problemática de este capítulo, aun así recortada, involucra otras cuestiones más complejas, como la discusión de los modelos de democracia dentro de la filosofía del derecho, o aquella sobre el problema de la "naturaleza jurídica" de los derechos sociales. Sobre algunas de estas cuestiones ya hemos avanzado algunas ideas, que no retomaremos aquí, pero que aparecen de manera más o menos implícita en el desarrollo de

omnipresente en el derecho constitucional, tanto en la doctrina como en los órdenes jurídicos positivos, pero se muestra mucho más complejo de lo que esta familiaridad pudiera dar a entender, sobre todo con la generalización de jurisdicciones específicas en materia constitucional en el constitucionalismo de posguerra, primero, y de globalización, después.

Durante mucho tiempo se supuso que los derechos sociales solo permitían, en el mejor de los casos, una justiciabilidad limitada, excepcional con respecto a la función judicial propiamente dicha y, en todo caso, diferente de aquella que era propia de los derechos fundamentales. Esta posición se fundaba en el viejo principio de la separación de poderes, que imponía a un tribunal límites muy estrictos, para no usurpar los poderes propios del legislador. Ciertas constituciones, como la española de 1978, instauraban incluso un régimen de neta separación de garantías judiciales, al menos con respecto a los derechos sociales que suponían una prestación material. Por cierto, tratándose de una constitución de *Welfare State*, o, en términos más jurídicos, de Estado social de derecho, el mecanismo suponía ya una inflexión

---

este apartado. Sobre la cuestión del carácter de los derechos sociales, ver una síntesis en C. M. HERRERA, *Les droits sociaux*, Paris, PUF, 2009. Sobre el problema de la democracia para la filosofía del derecho, ver algunas consideraciones en C. M. HERRERA, "La teoría de la democracia del positivismo jurídico", en R. ARANGO (ed.), *Filosofía de la democracia. Fundamentos conceptuales*, Bogotá, Siglo del Hombre, 2007, pp. 289-312.

con respecto a su lejana y radical inspiradora, la Constitución irlandesa de 1937, que instauraba lisa y llanamente una prohibición para el poder judicial de inmiscuirse en los principios directores de política social, posición que, a decir verdad, ya había sido atenuada en la Constitución india de 1950.

Pero las mudanzas, tanto en un plano doctrinal como positivo, se iban a acelerar en las últimas décadas. Para ilustrar brevemente esta mutación, se podría partir de la confrontación de las sentencias de dos cortes constitucionales paradigmáticas, en el lapso de una década. La primera data de 1982 y fue dictada por la *Bundesverfassungsgericht*, la segunda, de 1992, es obra de la Corte Constitucional colombiana. En su sentencia *Freie Mitarbeiter* (BVerfGE 59, 231, del 13 de enero de 1982), el tribunal de Karlsruhe, tras recordar que "el principio de Estado de derecho social funda la obligación estatal de realizar un orden social justo", subrayaba que el legislador contaba con un amplio margen para la realización de su obligación. Pero quedaba claro que el mandato constitucional solo se dirigía a la instancia conformada por el voto ciudadano. La intervención del poder judicial, en cambio, implicaría una intromisión de la justicia en la esfera política, puesto que la Corte Constitucional alemana estimaba que los derechos sociales implicaban siempre un gasto económico.

La Corte Constitucional colombiana, en cambio, entendía que el carácter normativo del concepto de Estado social de derecho, recogido en el artículo 1.° del texto constitucional de 1991, suponía lo que denominaba como una "nueva estrategia encaminada al logro de la eficacia de los derechos", que consistía, a su juicio, "en otorgarle de manera prioritaria al juez, y no ya a la administración o al legislador, la responsabilidad de la eficacia de los derechos fundamentales" (sentencia T-406 de 1992). Para la Corte Constitucional colombiana, la doctrina de la separación de poderes había variado de manera sustancial con respecto a su formulación originaria. No obstante, sin duda con cierta prudencia habitual en estas instituciones, la Corte hablará de manera bastante moderada de "contrapeso de poderes".

Sin embargo, las consecuencias de esta doctrina serán muy importantes. Ya en esta sentencia tocante al derecho de salud, la Corte Constitucional colombiana pudo considerar que un principio "genera un derecho público subjetivo de inmediata aplicación". Esto cuestiona la idea de que se necesita un procedimiento específico predeterminado por la ley para hacer valer un derecho social. Por lo pronto, permitía a la Corte justificar la posibilidad de ordenar medidas positivas sin que ello implique violación al principio de la separación de poderes. Como lo sistematizará en su fallo C-251 de 1997, "el Estado tiene, frente a los particulares, no solo deberes de abstención, sino que debe igualmente realizar prestaciones positivas, sobre todo en materia social, a fin de asegurar las condiciones materiales mínimas, sin las cuales no es posible vivir una vida digna". Por cierto, esta dimensión positiva, que será precisada en otros fallos posteriores, en particular en la sentencia C-776 de

2003, referente al derecho fundamental a un mínimo vital, está enmarcada por la situación de urgencia en que puede encontrase el individuo requirente, que hace posible obligar al Estado a otorgar "las prestaciones necesarias e indispensables para sobrevivir dignamente y evitar su degradación o aniquilamiento como ser humano". Se trata, ante todo, de medidas de tipo temporal.

Con respecto a la dimensión negativa, el derecho fundamental está constituido por "un límite o cota inferior que no puede ser traspasado por el Estado [...] que excluye ciertos recursos materiales de competencia dispositiva del Estado o de otros particulares". Un ejemplo es la inconstitucionalidad de la extensión de ciertos gravámenes impositivos, que atentan contra el mínimo vital.

La trascendencia de esta mutación no quedaba encerrada en un derecho nacional. En todo caso, en las diferencias que se observan en las jurisprudencias respectivas podemos establecer dos visiones paradigmáticas de la separación de poderes en el Estado social de derecho y, por ende, de la justiciabilidad de los derechos sociales.

La primera concepción, huelga apenas subrayarlo, da al juez un lugar limitado en materia de realización de derechos sociales, aunque la propia jurisprudencia de la Corte Constitucional alemana terminaría evolucionando en los años recientes. Pero habida cuenta de la importancia del lugar que los jueces ocupan en un Estado de derecho democrático, esta posición reduce la importancia del poder judicial como actor de nuestras sociedades. La otra perspectiva, más cercana a nosotros en el tiempo, expresa una concepción de la democracia que asume el rol político del juez, aunque más no sea con respecto a la justiciabilidad de los derechos sociales.

Convendría entonces partir de las mutaciones jurisprudenciales en materia de derechos sociales tal como se presentan en el derecho comparado, lo que nos permitirá, en un segundo momento, avanzar algunos elementos para repensar el lugar de los jueces en la democracia.

I

Las sentencias que acabamos de recordar ilustran dos ópticas diferentes sobre la relación entre democracia y poder judicial ante el problema de los derechos sociales e incluso más allá. Dada la distancia temporal que separa ambos fallos, se podría tal vez pensar que estamos ante una evolución. De hecho, la Corte Constitucional colombiana parece basar los fundamentos de su sentencia en esa idea, aunque posiblemente se deba más a una estrategia argumentativa dirigida a permitirle legitimar su decisión en el presente, descartando el modelo preexistente.

A mi entender, empero, estamos más cerca de una verdadera ruptura. En todo caso, las sentencias traducen dos concepciones opuestas de la relación democracia/poder judicial, y que va más allá de las circunstancias. La prueba del carácter fundamental de la oposición es que esta no puede ser absorbida completamente por el posicionamiento político de los defensores de cada una de las dos posturas. Con modalidades propias, encontramos defensores de los derechos sociales que se oponen, en grados distintos, a la intervención del poder judicial en la materia, en nombre de la democracia, o más exactamente en razón de la ausencia de legitimidad democrática de la magistratura, entendiendo esta carencia de cara al sistema de designación de los jueces o al tipo de norma que estos pueden crear mediante sus fallos (ante todo individuales).

La jurisprudencia de la Corte Constitucional alemana se construyó en torno a la idea, ampliamente sostenida por la doctrina luego de la adopción del *Grundgesetz* en 1949, de que los derechos sociales se restringían a prestaciones positivas, y que aun cuando enunciados de ese tipo pudieran ser incorporados en un texto constitucional, estos conservaban ante todo una naturaleza programática, lo que hacía de esas normas ante todo mandatos dirigidos al legislador. Es así que la doctrina alemana hablará de *Massgabegrundrechte* en el mejor de los casos, tras haberse contentado en un principio del concepto, aún más general, de *Leistungsrechte*. Por cierto, el carácter obligatorio de tales derechos se debilitaba de cara a la jurisprudencia relativa a ese tipo de normas. Los jueces podían intervenir solo tras el pronunciamiento del Parlamento por medio de una ley. Y el control posterior era limitado ya que, como lo afirmaba en su sentencia *Numerus clausus* (BVerfGE 33, 303 del 18 de julio de 1972), la Bundesverfassungsgericht estimaba que la apreciación de lo que era posible y razonable en materia de derechos sociales quedaba en la esfera propia del legislador. La decisión del poder legislativo se fundaba en razones de fondo, de oportunidad o simplemente presupuestarias, y como tal no era justiciable.

Un cambio de perspectivas aparece primero, tímidamente, en otros tribunales constitucionales europeos desde los años 1980, cuando la crisis del *Welfare State* muestra sus primeros signos, y con mayor nitidez en los años 1990. La propia posición de la Corte Constitucional alemana evolucionará en materia de derecho al mínimo social, ya en el nuevo siglo. Al punto que, como veremos en el próximo capítulo, el surgimiento de jurisdicciones muy activas en materia de derechos sociales nos permite identificar un nuevo momento en la legitimidad de las cortes constitucionales, situándose estas como un actor cabal del sistema de toma de decisiones democráticas. Por eso lo denominaremos "social", ya que su rol no es solo político, como en la legitimidad contra-mayoritaria propia del período de la segunda posguerra, sino que engloba otros aspectos de la sociedad.

En la jurisprudencia de la Corte Constitucional colombiana aparecía la idea de que la realización de los derechos sociales en un sistema jurídico no se limita a un vínculo entre el constituyente y el legislador posterior. Yendo incluso más lejos, aunque de manera más esporádica, la Corte Constitucional sudafricana estimará que las obligaciones del Estado en materia de derechos sociales no se agotan en una posibilidad de medios, sino también de resultados, desarrollando para ese fin un test de racionalidad, integrado por varios criterios, que permite a la jurisdicción evaluar la calidad de los instrumentos puestos en marcha por el Gobierno para alcanzar sus objetivos. El Gobierno no puede, en todo caso, justificar su inacción en materia social en razones puramente presupuestarias.

Estas transformaciones, empero, no desalentaron completamente la tesis de la no justiciabilidad de los derechos sociales en un régimen democrático, que conserva aún muchos adeptos en Derecho constitucional. Podemos clasificar sus razonamientos en dos grandes retóricas, la de la incompatibilidad y la de la imposibilidad, lo que nos permitirá examinar mejor su pertinencia.

La retórica de la incompatibilidad se apoya en dos principios. El primero de ellos es el recordado axioma de la separación de poderes: en una democracia –noción que a veces es confundida con la idea de Estado de derecho sin más– el legislador y el juez desempeñarían dos funciones de "naturaleza" diferente, como representante de la voluntad popular el primero, como garante del respeto de esa voluntad el segundo. Pero la tesis de la incompatibilidad choca enseguida con una primera dificultad. El principio de separación de poderes no es de carácter democrático, como lo sostenía ya en su tiempo Hans Kelsen, sino ante todo liberal, y se podría descartar este argumento recordando que la idea de democracia no implica lógicamente la idea de separación de poderes.

Sin embargo, el argumento de la incompatibilidad se desplaza para tornarse más globalizador, refiriéndose ahora a la idea de democracia como modo de decisión. Así, se sostiene que el tipo de prestación que proponen los derechos sociales conduciría a que solo la representación popular esté habilitada para decidir sobre ellos, ya que su realización implicaría siempre costos económicos, con consecuencias para las finanzas públicas, sin hablar de la elección política con respecto a la asignación de recursos, que implicaría privilegiar por ejemplo una prestación con respecto a otra. En consecuencia, la decisión en materia de derechos sociales debe ser de los órganos "políticos" del Estado. Sin embargo, el razonamiento muestra una debilidad *ab initio*: las prestaciones materiales constituyen una de las facetas de la realización de los derechos sociales, pero su efectividad no se reduce a ellas, aun en el caso de aquellos derechos que se acercan mayormente a la estructura de la prestación, como los derechos de ayuda social y, en particular, el mínimo vital.

La retórica de la imposibilidad parece adoptar *a priori* una orientación más neutra. La justiciabilidad de los derechos sociales chocaría con un problema estructural, o al menos técnico: tratándose de enunciados que contienen prestaciones positivas, el juez no estaría en condiciones de asegurar eficacia a dichas normas, a diferencia de lo que ocurre con los derechos fundamentales que solo exigen la garantía de la abstención de terceros o del Estado. Pero el alcance general de este argumento también puede ser descartado, porque, como acabamos de decir, los derechos sociales no se reducen a prestaciones: presentan además al menos un aspecto susceptible de ser garantizado por un tribunal en sus formas de control más restrictivas, por ejemplo en términos de garantía del respeto del principio de no discriminación, como lo ha sugerido una doctrina que hunde sus raíces en el derecho internacional.

La tesis de la incompatibilidad alimenta una lógica de "todo o nada" que también ha sido oportunamente denunciada, y que supone, en sus extremos, que los jueces puedan siempre "inventar" *ex nihilo* nuevos derechos sociales, marginando al Parlamento. Por cierto, aun jurisdicciones nacionales que se muestran muy restrictivas en materia de justiciabilidad de los derechos sociales, como el Conseil d'État francés, han podido crear, en ciertas circunstancias, nuevos derechos sociales, como el llamado "derecho a llevar una vida familiar normal". Pero estos casos se hacen mucho más raros cuando se trata de derechos sociales cuyo núcleo se materializa más directamente por la obtención de bienes o prestaciones materiales. En este nivel, incluso los tribunales más activos tienen tendencia a corregir o a lo sumo extender derechos ya enunciados en las reglas existentes en un plano legal (más raramente constitucional, y mucho más escasamente en un plano internacional). Se trata de medidas ante todo individualizadas en sus efectos, como la continuación de un tratamiento médico

para un particular, y aun cuando afectan a colectivos sociales, como la finalización de un sistema de
cloacas, se ordenan para un barrio determinado, o
en materia de salud, para un grupo de enfermos
claramente identificados. La Corte Constitucional de
Sudáfrica, por ejemplo, ha rechazado siempre, pese
a los pedidos recurrentes de los demandantes, fijar
con mayor precisión y en general el núcleo mínimo
de obligaciones de un derecho social. La Corte Constitucional colombiana, por su parte, en la sentencia
T-11 de 1997 ha sostenido que "la individualización
de los derechos sociales, económicos y culturales no
puede hacerse al margen de la ley y de las posibilidades financieras del Estado".

En verdad, el juez está obligado a operar con una
sintaxis que le permite generalizar sus sentencias solo
de manera negativa (y esto sobre todo en aquellos
casos en que se realiza un control de constitucionalidad abstracto, por parte de una corte suprema
o especializada), lo que limita estructuralmente el
alcance de su intervención en un campo de acción
reconocido tradicional y prioritariamente al legislador. Se ha podido escribir, en ese sentido, que
un juez no actúa nunca espontáneamente sino por
"provocación"[4]. En materia de pobreza, por ejemplo,

---

4   J. R. DE LIMA LOPES, "Direito subjetivo e direitos sociais: o dilema
    do judiciario no Estado social de direito", en J. E. FARIA (dir.),
    Direitos humanos, direitos sociais e justiça, São Paulo, Mulheiro,
    1994, p. 134. Se trata de un estudio pionero para el tema que
    nos ocupa aquí.

la Corte Constitucional colombiana se ha esforzado en distinguir ya en su sentencia pionera del 23 de septiembre de 1992 (T-533) dos modos de intervención pública: sobre las "causas estructurales", que deben ser combatidas mediante políticas legislativas y macroeconómicas por los otros poderes del Estado, y sobre los "efectos", que exigen en cambio "una intervención estatal directa e inmediata", aunque excepcional, que puede ser ordenada por el juez a través de la acción de tutela, cuando existe un peligro grave para la dignidad de la persona humana. Es ante todo de cara a la ausencia ampliada o total de tales remedios que un tribunal se muestra más inclinado a ordenar medidas materiales de aplicación inmediata, restringidas a un individuo o grupo bien circunscrito[5].

---

5   Es por eso que, como hemos señalado en otros trabajos, se debería desconectar la cuestión de la justiciabilidad de los derechos sociales de la discusión teórica sobre su concepto, cuya significación no puede limitarse al ejercicio del poder judicial o a las evoluciones actuales. Ver C. M. Herrera, "La justiciabilité des droits sociaux: concepts juridiques et évolution jurisprudentielle", en D. Roman (ed.), *La justiciabilité des droits sociaux: vecteurs et résistances*, Paris, Pedone, 2012, C. M. Herrera, "Le concept de droits sociaux dans la mondialisation", en J.-Y. Chérot y B. Frydman (eds.), *La science du droit dans la globalisation*, Bruxelles, Bruylant, 2012, pp. 166-181. En sentido contrario se ha desarrollado la obra de uno de los principales especialistas colombianos en la materia, Rodolfo Arango, que promueve el llamado "minimalismo judicial", proponiendo una teoría que justifique "la objetividad de las decisiones judiciales en materia de derechos fundamentales". Ver R.

Por cierto, los tribunales tienen siempre varias posibilidades ante la violación de derechos sociales, como ha sido puesto a la luz por numerosos autores[6]. Los jueces pueden así declarar la inconstitucionalidad de la norma para dejar sin efecto la violación de un derecho, pero sin ordenar ninguna prestación o medida material particular. Los tribunales pueden también establecer que se ha producido una violación e intimar al Estado a ofrecer una solución, pero esta puede presentar al menos dos modalidades: el juez puede hacerlo sin precisar los medios y sin establecer plazos, o bien sin determinar las modalidades pero fijando un término temporal para encontrar el remedio, como lo ha hecho la Corte Constitucional alemana con respecto al cálculo de las asignaciones correspondientes al derecho a un mínimo vital (*Hartz IV*, del 9 de febrero de 2010). Finalmente, el tribunal puede establecer que el derecho ha sido violado, y exigir del Estado el remedio, especificando su tipo y fijando el plazo de la solución.

Es en este último tipo de fallos donde pueden alcanzar su paroxismo los debates en torno a la

---

ARANGO, "Derechos, justicia constitucional y democracia", y "La juridiccion social de la tutela" (2003), ambos en *Derechos, constitucionalismo y democracia*, cit.

6   P. ej., C. FABRE, *Social Rights under the Constitution. Government and the Decent Life*, Oxford University Press, 2000 y ya antes, R. ALEXY, *Theorie der Grundrechte* (1985), Baden-Baden, Nomos, 1994 [trad. esp., *Teoría de los derechos fundamentales*, Madrid, CEC, 2007].

incompatibilidad del poder judicial y la democracia, ya que, ordenando al Estado una acción positiva y determinada, el juez se ubicaría en el terreno propiamente político de la decisión.

Pero desde un punto de vista práctico, este tipo de sentencia se ha presentado ante todo en un sentido preciso: evitar las omisiones del legislador o la aplicación defectuosa del Gobierno. Por cierto, este modo de intervención del poder judicial tenía lugar por vías procedimentales previstas en el orden normativo. La Constitución brasileña de 1988, por ejemplo, extendió el principio de la inconstitucionalidad por omisión, que había conocido ya una aplicación interesante en la jurisprudencia constitucional portuguesa, transformando el recurso en un *mandado de injunçao*. El remedio se aplica en los casos en que la ausencia de la norma legislativa impide el ejercicio de un derecho o una libertad reconocido por la Constitución. Tradicionalmente, tras la constatación de la omisión, el juez se contentaba con poner en conocimiento de la misma al órgano competente, para que fueran tomadas las medidas necesarias para que cesara dicha situación, pudiendo fijar un plazo obligatorio en caso de que se tratara de un órgano de la administración.

En cambio, en el sistema jurídico brasileño, el Supremo Tribunal Federal puede incluso decidir adoptar las medidas necesarias para hacer eficaz el derecho, con efecto individual o *erga omnes* según los casos. A diferencia del recurso de inconstitucionalidad por omisión, no se trata pues de una simple declaración constatando el vacío legal, sino que produce, según su propia doctrina, una norma "supletiva" para reglamentar el derecho reconocido en el texto constitucional, hasta que el órgano competente active su propia competencia –en su propia interpretación, no se trataría de una norma de "creación" por cuanto se está ante un derecho existente en la Constitución. La jurisprudencia en materia de *mandado de injunçao* se ha mostrado particularmente eficaz para remediar las omisiones del legislador en materia de derechos sociales, como en el caso del derecho de huelga de los funcionarios públicos[7]. Subrayemos, una vez más, que el juez toma este tipo de medidas con mayor facilidad cuando las prestaciones no están en el primer plano de la realización de la norma. Pero es visible la importancia de los efectos de este tipo de recurso en aquellos sistemas jurídicos que conciben las normas en materia de derechos sociales como mandatos dirigidos por la constitución al legislador.

De manera general, el problema de la relación entre poder judicial y democracia fue sobre todo actualizado por las jurisdicciones constitucionales creadas en los años 1990. Uno de los ejemplos más conocidos en el derecho comparado (sin duda por razones idiomáticas) es la jurisprudencia de la Corte Constitucional

---

7   F. Lima Quintas, "Legitimidade para julgar mandado de injunçao: comentarios à jurisprudencia do stf, em face do julgamento dos mi 670, 708 e 712", en G. Ferreira Mendes, P. Gonet Branco y A. Rufino do Vale (eds.), *A Jurisprudência do stf nos 20 anos da Constituiçao*, São Paulo, Saraiva, 2010.

sudafricana[8]. Como lo recordamos más arriba, este
tribunal se ha considerado competente no solo para
terminar con el vacío normativo, sino también para
juzgar la "racionalidad" de las medidas propuestas
por el Gobierno, lo que implica detenerse en el examen de los criterios presupuestarios destinados a la
realización de un derecho social, al menos en los casos
de urgencia. En esa óptica, la Corte Constitucional
sudafricana ha podido ordenar la continuidad en la
provisión de ciertos medicamentos en los hospitales
públicos que las autoridades sanitarias juzgaban
ineficaces en relación con sus costos, más allá de la
importancia del impacto en el gasto público.

Sin embargo, como ya lo hemos señalado, la Corte
sudafricana se ha negado a establecer un contenido
normativo mínimo de cada derecho social reconocido, en general, y sus indicaciones en tal sentido solo
podrían justificarse en caso de que el Gobierno no
hubiera tomado ninguna medida para realizarlos, o

---

8   En particular en sus mundialmente conocidas sentencias
    Grootboom, de 2000, sobre el derecho a la vivienda, y *Minister
    of Health and others v. Treatment Action Campaign and others*, de
    2002, sobre el derecho a la salud, y aun antes, en el fallo *Soo-
    bramoney*, de 1998, que dejaba aparecer ya la idea de test de
    racionalidad (en este caso para descartar el requerimiento de
    un individuo gravemente enfermo que reclamaba cuidados).
    La Corte Constitucional sudafricana está jugando el rol de
    modelo para los constitucionalistas anglosajones que se inte-
    resan de cerca en el problema del activismo judicial, como lo
    fuera la Corte Suprema de India en los años 1980.

cuando dichas medidas no fueran razonables para
alcanzar la realización progresiva del derecho, o aun
cuando esas medidas no fueran actualizadas a fin
de alcanzar la progresiva satisfacción del derecho.
En cambio, la Corte Constitucional sudafricana ha
abandonado la vieja idea en materia de derechos
sociales, aún muy presente en sus homólogas europeas, según la cual los jueces no pueden evaluar si los
medios propuestos por el legislador son adecuados
para sus fines, en una perspectiva de fondo, y ya no
solo de forma.

En definitiva, la cuestión va más allá de los derechos sociales. Como ya lo había recordado la Corte
Constitucional colombiana, el juez, al confrontar la
ley con la constitución, utiliza una "discrecionalidad
interpretativa" que delimita necesariamente "el sentido político de los textos constitucionales", recordando la vieja tesis kelseniana de que la legislación
y la sentencia judicial son dos formas de creación
del derecho.

La cuestión de la justiciabilidad de los derechos
sociales deja al descubierto mejor que otras este aspecto "político", que concierne a la participación de
los jueces en el proceso de decisión democrática, sin
limitarse únicamente a la garantía de ciertas reglas de
funcionamiento de una democracia, cuyo escenario
sería extraño a la arena política.

II

El debate sobre el papel de los jueces en la decisión democrática apareció de manera separada con respecto a la cuestión de la justiciabilidad de los derechos sociales. En realidad, las nuevas concepciones de la democracia, desarrolladas a partir de los años 1980 en el seno de la Teoría constitucional de cultura norteamericana, actuaban en el marco de un contexto doctrinal que había integrado una visión "estricta" de la separación de poderes. El reto específico de aquella empresa, aunque también sus límites, se torna más claro: pensar el nuevo rol, activo, del poder judicial en el marco de una visión normativa de la constitución, pero también de la democracia[9].

Esta dimensión anidó en la vieja cuestión del control de constitucionalidad de las leyes, siempre atravesada por el miedo recurrente al "gobierno de los jueces". Sin embargo, en las nuevas teorías, las perspectivas se encontraban de algún modo tras-

---

9   No pretendemos hacer un repaso completo de las diferentes elaboraciones, y de hecho ya existen obras con esa ambición. Nos contentaremos, entonces, con subrayar que algunas de las concepciones más significativas desarrolladas en el ámbito de la Teoría constitucional, como la teoría del garantismo jurídico, han abordado particularmente el problema de la justiciabilidad de los derechos sociales, si no directamente, al menos desde el ángulo de la cuestión más general del lugar del juez en la toma de decisiones políticas. Ver la monumental síntesis de L. FERRAJOLI, *Principia iuris. Teoria del diritto e della democrazia*, Roma-Bari, Laterza, 2007, 2 vols.

tocadas: el poder del juez constitucional no residía únicamente en la facultad de impedir a los órganos representativos de la voluntad popular rebasar ciertos límites, sino que lo convertía en un actor de la representación democrática en sentido propio, aunque más no fuera como instancia que obligaba al legislador a explicitar claramente sus razones y sus fines de actuación[10].

Una de las visiones más complejas, incluso por sus ramificaciones posteriores, fue sin duda la teoría de la democracia deliberativa desarrollada, en el marco del Derecho constitucional, por el filósofo del derecho argentino Carlos Santiago Nino[11]. Merece ser recordada porque no conlleva una ruptura radical con la vieja teorización liberal de la democracia. En efecto, su concepción del atributo deliberativo insiste sobre el carácter epistémico de la democracia: el valor esencial del procedimiento democrático reside

---

10 La obra que inició la discusión fue J. ELY, *Democracy and Distrust. A Theory of Judicial Review*, de 1980. Pero tuvo declinaciones nacionales diferentes. En Francia, por ejemplo, la cuestión estuvo ligada sobre todo a la legitimidad de una corte constitucional (que, en sentido estricto, no existe en el sistema francés) como co-legislador o co-autor de la ley. Ver M. TROPER. "Justice constitutionnelle et démocratie" (1990), ahora en Id., *Pour une théorie juridique de l'État*, Paris, PUF, 1994. Troper sostiene allí que "*la volonté générale n'est pas celle du moment du vote. C'est celle du moment de l'application*" (p. 345).

11 Ver en particular su obra póstuma, C. S. NINO, *The Constitution of a Deliberative Democracy*, New Haven, Yale University Press, 1996.

en la posibilidad que ofrece, a través del proceso de deliberación, de alcanzar un mejor acceso cognitivo a los derechos individuales, que se ubican, en cambio, en un plano ontológico[12]. Es por ello que los jueces ejercen un control del proceso democrático que no se detiene únicamente en sus condiciones formales, es decir, en la existencia de una mayoría para tomar la decisión. El valor de la democracia exige ciertas condiciones *a priori* para alcanzar dicho valor epistémico, y cuando el juez interpreta la constitución como una norma superior a la ley está protegiendo estas precondiciones[13]. A través del control de constitucionalidad, el juez debe exigir al legislador la existencia de razones. No se trata, en cambio, de pronunciarse luego sobre el valor de dichas razones, que quedan en la esfera del legislador, pero su ausencia, en cambio, ha de ser sancionada, ya que el proceso democrático debe desarrollarse de manera deliberativa y no hay deliberación si las decisiones no están acompañadas de razones"[14]. El control de constitucionalidad permitiría así descartar las leyes carentes de razones constitucionales, es decir sin fundamentos.

---

12 C. S. Nino, *Fundamentos de Derecho constitucional. Análisis filosófico, jurídico y politológico de la práctica constitucional*, Buenos Aires, Astrea, 1992, p. 208.

13 Nino, *The Constitution*, cit., p. 198.

14 Nino, *Fundamentos*, cit., p. 696.

Según Nino, el proceso judicial de toma de decisiones no es inferior desde un punto de vista epistémico a cualquier otro proceso político. En cambio, se perfila como menos democrático, comenzando por la cuestión de la legitimidad de sus participantes[15]. Tomando como referencia la Corte Suprema Federal de Estados Unidos, Nino sostiene que la existencia de jueces vitalicios en el vértice del sistema no ofrece las mejores garantías, y, en ese sentido, estima que el sistema de selección y mandato de las cortes constitucionales europeas brinda una mayor legitimidad democrática[16].

Nino, desaparecido en 1993, no tuvo tiempo de conocer y analizar la acción de las nuevas cortes constitucionales, que iban a representar, según nuestro juicio, un cambio muy significativo en el paradigma de la justicia constitucional, aunque más no sea, como ya dijimos, en materia de concepción de la separación de poderes y justiciabilidad de los derechos sociales. Justamente, luego de haber analizado la jurisprudencia de la Corte Constitucional sudafricana en materia de derechos sociales el constitucionalista norteamericano Cass Sunstein asevera que dicha jurisdicción encarna una tercera vía entre dos posiciones extremas que consistirían en promover, ya sea la protección completa de los derechos sociales por los tribunales, ya sea la interdicción de pronunciarse, dejando en

---

15 Ibíd., p. 692.
16 NINO, *The Constitution*, cit., p. 215.

manos del esfuerzo razonable del Gobierno la realización de tales derechos. Por esta vía intermedia, en cambio, los jueces favorecerían el proceso de deliberación democrática, en particular a través del reconocimiento dado a los grupos marginados del sistema, como pueden ser los pobres[17].

Si el juez recibe en estas nuevas teorías un lugar más importante en la toma de decisión democrática, debería perder, en contrapartida, el monopolio de la decisión en materia de control de constitucionalidad. En otros términos, de una visión deliberativa de la democracia se pasaría a un control dialógico de constitucionalidad. Esta ha sido la tesis, en todo caso, que avanzara otro constitucionalista norteamericano, Mark Tushnet, en un libro de título sugestivo: *Weak Courts, Strong Rights*. Para este antiguo representante de los *Critical Legal Studies* las formas fuertes de control de constitucionalidad son aquellas que instauran una supremacía del juez en materia de interpretación constitucional por sobre el Parlamento. "Es un sistema en el cual la interpretación de la constitución por el poder judicial es definitiva y no puede ser modificada por mayorías parlamentarias ordinarias"[18]. La Corte Suprema de Estados Unidos aparece como el

---

17 C. R. Sunstein, *The Second Bill of Rights: FDR's unfinished Revolution and why we need it more than ever*, New York, Basic Books, 2004, pp. 227-229.

18 M. Tushnet, *Weak Courts, Strong Rights. Judicial Review and Welfare Rights in Comparative Constitutional Law*, Princeton University Press, 2008, p. 33.

paradigma de corte poderosa, ya que tiene el poder de decidir en qué momento el "diálogo" entre el pueblo, el legislador, el Gobierno y los jueces se termina. La tesis de Tushnet, muy crítica desde siempre hacia la *Judicial Review*, es que las formas débiles de control pueden facilitar, en cambio, el diálogo entre jueces y representantes populares, produciendo modificaciones de la constitución en un tiempo breve, mientras que los sistemas que dejan la última palabra sobre la significación de la constitución a un juez supremo bloquean esa posibilidad de cambio, instaurando, de hecho, una jerarquía de intérpretes de la constitución, y en especial, una supremacía sobre el poder legislativo. Las formas débiles son también, siempre según su visión, propicias para el pleno reconocimiento normativo de esos derechos fuertes que son los derechos sociales, favoreciendo, además, un seguimiento de la evolución social en lapsos de tiempo más breves[19].

El monopolio de la interpretación constitucional dado a una corte suprema de justicia constituye para este autor una visión particularmente peligrosa para los derechos sociales, en particular cuando dichos intérpretes estiman que la constitución es compatible

---

19 Ibíd., pp. 43, 163. Las formas fuertes de control serían posibles según el autor solo cuando la experiencia acumulada es susceptible de dar a todos (legislador, tribunal y pueblo) la certeza de que la última palabra concedida al juez no interferirá en la capacidad de autogobernarse (pp. 263-264).

con un solo y único modelo económico[20]. Esta era, en todo caso, la primera dificultad que había surgido ante los ojos de Édouard Lambert cuando estudiaba la historia del control de constitucionalidad en Estados Unidos, en particular a partir del célebre fallo *Lochner* de 1904, en su libro pionero *Le gouvernement des juges*[21].

*

"El nuevo opio de los pueblos". Es así, según una leyenda transmitida oralmente, que Kelsen habría calificado la religión de los tribunales en las democracias modernas post 1945, una tendencia que se acentuó aún más en ciertos análisis elaborados ahora en el marco de la globalización del derecho, y que verían en el juez el nuevo centro de un derecho en que los marcos nacionales se han debilitado. Con su sarcasmo, el jurista austríaco apuntaba contra aquellas

---

20 R. GARGARELLA, "¿Los partidarios de la democracia deliberativa deben defender la protección judicial de los derechos sociales?", en ARANGO (ed.) *Filosofía de la democracia*, cit., p. 405.

21 La localización geográfica de esta discusión teórica no tiene nada de casual, ya que encontramos en la democracia norteamericana un poder judicial en sentido propio, coronado por la Corte Suprema federal, que, al mismo tiempo, se muestra reacia al reconocimiento de derechos sociales por vía de control de constitucionalidad, en un texto originario del siglo XVIII, que, por supuesto, no los ha reconocido explícitamente, ni siquiera por la vía de reformas acaecidas posteriormente.

concepciones que identificaban en el juez, sobre todo constitucional, el garante, en última instancia, de la seguridad jurídica y de los derechos fundamentales, realizando así el Estado de derecho, tres nociones de las que desconfiaba sobremanera.

Sin embargo, estamos ante una problemática diferente de la que denunciaba Kelsen en su tiempo; lo que se busca ahora es hacer visible el rol político que juega el juez, disimulado a menudo en los discursos ideológicos sobre la separación del derecho de la política. La práctica de ciertas cortes constitucionales muestra hasta qué punto los jueces son actores del proceso de toma de decisión política. Para la nueva concepción de la democracia, la cuestión se ha transformado y ya no se trataría de saber si los jueces gobiernan, sino de cómo lo hacen[22].

Pero volvamos una vez más sobre el papel del juez en materia de realización de los derechos sociales. Si el argumento que sostiene que es peligroso confiar a funcionarios no electos e irresponsables políticamente el diseño, aunque más no fuera indirecto, de políticas sociales ha podido ser relativizado por consideraciones de índole teórica, y sobre todo por la práctica real y conocida de las cortes constitucionales, debemos afrontar una nueva crítica, actua-

---

22 Según la expresión luminosa de M. Troper, "Le bon usage des spectres. Du gouvernement des juges au gouvernement par les juges" (1999), en Id., *La Théorie du droit, le droit, l'État*, Paris, PUF, 2001, pp. 244 ss.

lizada de alguna manera por la crisis económica y
financiera que está viviendo, de manera permanente
–a tal punto que se ha transformado en su modo de
funcionamiento normal–, el Estado social europeo
desde la crisis del choque petrolero de 1973: en caso
de conflicto entre diferentes derechos fundamentales,
un juez tenderá siempre a privilegiar los derechos
de libertad, cuando menos porque cuenta con instrumentos procesales más desarrollados al alcance
de su mano. Siempre en esta óptica política, se suele
agregar que la judicialización de los derechos sociales tiende a despolitizar la relación de dominación
que les da origen, y que sería en ese sentido más
efectivo recurrir a otros instrumentos jurídicos más
adaptados a su "naturaleza", como huelgas, negociaciones colectivas paritarias, etc. para alcanzar su
eficacia propia.

Como ya hemos dicho, muchos juristas progresistas se han mostrado circunspectos en materia de
constitucionalización de derechos sociales o garantía
judicial, privilegiando los desarrollos legislativos. La
idea de *Judicial Review* o incluso la de corte suprema
son consideradas demasiado cercanas al universo liberal. Aunque teóricos liberales, como Carlos Nino,
han sostenido que los derechos sociales no pueden
ser distinguidos de los derechos individuales más
que por convención, puesto que los primeros aparecen como la extensión natural de los segundos (en
particular el derecho a la vida, el derecho a la integridad física, el derecho a la dignidad de la persona
humana, y todos los derechos ligados a la autonomía

de la persona), que toma en cuenta las evoluciones
ulteriores que se han producido en los propios bienes
protegidos[23], habría que admitir que la interpretación
de los tribunales puede amoldarse a la idea, muy
extendida en doctrina, de que los derechos sociales
son de naturaleza diferente, de un tipo particular[24].
Y aunque es necesario precisar que la justiciabilidad
no es más que una de las formas de realización de los
derechos sociales, que puede tornarse más o menos
importante según los contextos, pero que nunca es

---

23 Nino, *Fundamentos*, cit., p. 398; Id., "On Social Rights", en
A. Aarnio, S. Paulson, O. Weinberger, H. v. Wright y D.
Wyduckel (eds.), *Rechtsnorm und Rechtswirklichkeit. Festschrift
für Werner Krawietz zum 60. Geburtstag*, Berlin, Duncker &
Humblot, 1993.

24 Incluso las jurisdicciones activas en materia de derechos
sociales terminan siempre por admitir una auto-limitación de
sus poderes, en general sirviéndose la llamada "cláusula de
reserva de lo posible", enunciada por la Corte alemana en su
fallo *Numerus Clausus*, del 18 de julio 1972, que establece que
la garantía de los derechos sociales, al menos en la modalidad
de prestación, se realiza bajo las condiciones de concreción,
ante todo financieras, del Estado. Ya hemos visto que la Corte
Constitucional colombiana lo adoptó en su sentencia T-11
de 1997. La Corte Constitucional sudafricana ha limitado la
posibilidad de establecer un criterio sustancial de racionalidad que podría desembocar en la determinación de un núcleo
normativo mínimo de cada derecho social. Ver, por ejemplo,
en el caso del derecho al agua, *Lindiwe Mazibuko and Others v.
City of Johannesburg and Others*, Case CCT 39/09, [2009] ZACC 28,
que fuera denunciado como un retroceso de la jurisprudencia
de la Corte.

única, la desconfianza política puede verse ratificada por ciertas experiencias históricas.

En todo caso, esta posición no debería quedar prisionera de una visión demasiado ideológica de la separación de poderes, en la cual el papel (político) de producción de normas por vía judicial puede ser puesto en duda por la vieja figura del juez como autómata jurídico.

Las formas de intervención del juez en materia de derechos sociales han variado en el curso del tiempo, desde la sanción de la discriminación hasta la interdicción de retroceso, y de allí a la determinación de obligaciones positivas. Pero la lógica de la sentencia judicial queda siempre encerrada en ciertas fronteras, incluso en el caso de los tribunales constitucionales –que, en sentido estricto, operan por fuera del aparato judicial. Estos límites van más allá de un sentido ideológico convergente que se podría descubrir en las sentencias judiciales o en el modelo de Estado de derecho (fundado en la separación de poderes) que esos fallos vehiculizan. Estos son estructurales, y tienen que ver con las restricciones internas al lenguaje judicial. En cambio, dichos límites no impiden a las jurisdicciones obligar al Gobierno o al poder legislativo a cumplir sus funciones "políticas" de manera más democrática, al menos si estos no quieren verse substituidos en sus funciones específicas o aun en sus modalidades de intervención propias. Así no sea sino por esta vía indirecta, el poder judicial puede transformarse en un instrumento poderoso para la formación de políticas públicas, como ya ha sido puntualizado[25].

Pero esto supone evitar toda confusión entre justiciabilidad de derechos sociales y la idea según la cual los jueces tendrían la supremacía de la interpretación constitucional. Un sistema que permitiría establecer un intercambio con los otros poderes, en particular el Parlamento, correspondería mejor a la evolución institucional de la democracia, tanto en el plano de la multiplicación de derechos como en lo que hace a la emergencia de otros contrapoderes, sociales[26]. En ese sentido, volveremos más abajo sobre la trascendencia de la disposición de la Constitución boliviana de 2009 que instaura la elección por sufragio universal directo de los jueces de las tres jurisdicciones supremas, con una modalidad que no se confunde con las votaciones para cubrir escaños parlamentarios o cargos ejecutivos. Esta regla, pese a sus límites[27], y a las críticas que ha recibido en su reciente implementación práctica, tuvo el mérito de

---

25 Lima Lopes, "Direito subjetivo e direitos sociais", cit., p. 136.

26 Un tribunal constitucional o una corte suprema no constituye *per se*, como se leerá más abajo, un contrapoder social. Los contrapoderes sociales, si terminan siempre por estabilizarse en una forma u otra de organización, se definen ante todo por el tipo de actividad que despliegan en situaciones concretas, y no por un tipo de función (como lo entendía la teoría tradicional en referencia al juez como tercero). En otras palabras, una corte puede actuar como un contrapoder social, pero no lo es obligatoriamente.

27 La elección popular es un medio fundamental para determinar

poner en el centro de la discusión las alternativas institucionales para fundar la legitimidad democrática de una corte constitucional. En todo caso, el hecho de que las nuevas constituciones elaboradas en los últimos años en el Sur del planeta, que no se contentan con desarrollar únicamente un, de por sí impresionante, catálogo de derechos sociales en tanto derechos fundamentales, sino que se conciben como vehículos de un proceso de transformación social a través de múltiples mecanismos de participación popular[28], hayan instaurado jurisdicciones constitucionales en sus órdenes jurídicos, incluso en ruptura con las tradiciones precedentes, es un síntoma de que los jueces se han transformado en actores ineludibles de las democracias presentes.

Las nuevas teorías de la democracia elaboradas en el seno del constitucionalismo reciente han tenido el mérito de poner en tela de juicio una visión demasiado estrecha del juez. Pero tal vez queda por articular una concepción que no reduzca la democracia a principios morales de racionalidad, ni los derechos sociales a las políticas estatales.

---

el carácter democrático de un órgano, pero no es por supuesto el único, como a veces de da a entender.

28 Para más detalles, ver el capítulo sexto de este libro.

CAPÍTULO TERCERO
LA AUTORIDAD DE LA JUSTICIA
CONSTITUCIONAL

En todas las facultades de derecho se enseña hoy que la justicia constitucional nació en los Estados Unidos de Norteamérica en 1803, con el voto del presidente de la Suprema Corte de justicia John Marshall en el caso *Marbury v. Madison*, antes de que apareciera en Austria, en 1920, una nueva modalidad de esta técnica, ahora bajo la forma concentrada de un tribunal constitucional especializado. En fecha más reciente, el Derecho constitucional buscó sistematizar las características del control de constitucionalidad bajo la figura de dos modelos: el modelo estadounidense (de control difuso, incidental, concreto y *a posteriori*) y el modelo austríaco (concentrado, especializado, abstracto, *a priori* y con efecto *erga omnes*), explicación que hoy se encuentra en todos los manuales de la disciplina. Esta dicotomía, inaugurada por los trabajos del gran comparatista italiano Mauro Cappelletti en los años 1960, es hoy puesta cada vez más en tela de juicio por nuevos enfoques, a los que no les resulta difícil mostrar el carácter intrincado de las diferentes prácticas del control de constitucionalidad[1].

A decir verdad, en el seno mismo del modelo llamado "concentrado", el diseño de Hans Kelsen no era más que un momento, por cierto, determinante, de una historia más trascendente, que contaba con antecedentes importantes en el derecho público europeo, y que tendrá una prolongación mucho más significativa que la de su primera constitucionalización. De otra parte, en algunas culturas jurídicas nacionales, como la francesa, asociar el nombre de Kelsen a una forma peculiar y restringida de control de constitucionalidad pudo servir aún por cierto tiempo para justificar una institución que no respondía exactamente al canon de las cortes constitucionales generalizado tras la finalización de la Segunda Guerra Mundial[2].

Pero las dificultades que encuentra la vieja tipología dual para analizar la justicia constitucional

---

1   Ver E. MAULIN, "Aperçu d'une histoire française de la modélisation des formes de justice constitutionnelle", en C. GREWE, O. JOUANJAN, E. MAULIN y P. WACHSMANN (eds.), *La notion de justice constitutionnelle*, Paris, Dalloz, 2005, pp. 137-158. De manera más general, G. TUSSEAU, *Contre les "modèles" de justice constitutionnelle. Essai de critique méthodologique*, Bologna, Bolonia University Press, 2009.

2   Ver M. TROPER, "Kelsen et l'idéologie des constitutionnalistes français", en C. M. HERRERA (ed.), *Actualité de Kelsen en France*, Paris, LGDJ, 2001; C. M. HERRERA, "Les conditions d'imposition et de succès du paradigme kelsénien", en D. ROUSSEAU (ed.), *Le droit dérobé*, Paris, Montchrestien, 2007, pp. 59-69.

tienen que ver con otros factores, que van más allá de la peculiaridad de la recepción de las ideas kelsenianas o con la voluntad de legitimar una institución de derecho positivo; antes bien, conciernen a un problema conceptual.

En efecto, el defecto mayor de este tipo de reconstrucciones tiene que ver con el establecimiento de una teleología del Estado de derecho, que vería coronada su calidad solamente con la instauración de una jurisdicción constitucional encargada de velar por la jerarquía de las normas, cuando en realidad convendría insistir en las discontinuidades que muestra la expansión del modelo concentrado de control de constitucionalidad.

En todo caso, este es el punto de vista metodológico que adoptaremos en este capítulo. Empero, antes de entrar en el análisis propiamente dicho, convendría distinguir varios sentidos posibles de la expresión "autoridad" en el campo del derecho. Cuando menos pueden ser adoptadas dos significaciones. La primera –o, más exactamente, un primer grupo de significaciones– tiene que ver con lo que se denomina por comodidad la autoridad "formal". Esta se construye a partir de enunciados internos al sistema jurídico, y se expresa en nociones del tipo "la autoridad de la cosa juzgada", para referirse a un fallo que no puede ser apelado ante un tribunal superior dentro del orden jurídico dado. También podrían

acomodarse en esta categoría las problemáticas ligadas a la ejecución de la decisión o del acto jurídico[3].

Pero la autoridad del derecho no es únicamente
jurídica. Podemos, en todo caso, reconocer otros
sentidos que se ubican por fuera de los conceptos
dogmáticos y que atañen a la legitimidad de la autoridad. Un ejemplo de esta acepción puede encontrarse en la célebre teoría de Max Weber de las tres
formas de legitimidad. Se trata aquí de aquello que
justifica la autoridad, es decir el tipo de argumento
utilizado para fundarla[4].

Es en esta segunda constelación que se ubica
nuestra interrogación sobre la autoridad de la justicia
constitucional. En la doctrina constitucional dominante hoy por hoy esta se reconstruye en términos
de garantía de los derechos fundamentales, como si
esta función condensara la esencia de la justicia constitucional. Por cierto, dicha doctrina es consciente
de las mutaciones que ha conocido esta modalidad
dentro del propio desarrollo del control de constitucionalidad concentrado, pero ordena sus etapas en

---

3   Sobre el tema, ver *La notion d'exécution dans l'histoire constitu-
    tionnelle française, Revue Française d'Histoire des Idées Politiques*,
    n.º 34, 2011.

4   Por cierto, se puede utilizar, en una perspectiva weberiana,
    el argumento técnico-formal para legitimar la autoridad de la
    justicia constitucional. Es ese tipo de argumento el que pre-
    tende utilizar Kelsen para fundar la autoridad de la justicia
    constitucional, aunque no se prive de echar mano de otro tipo
    de fundamentos políticos, como la paz interior.

un relato liberal-democrático, que resumiría el más o menos largo recorrido del Estado de derecho, en el cual la emergencia y luego la consolidación de la justicia constitucional representarían su coronación. El razonamiento opera como si esta "autoridad" de la justicia constitucional estuviera ya contenida *in nuce*, como un núcleo, en la propia institución, que las diversas circunstancias nacionales (y democráticas) hacían luego brotar y desplegarse.

En realidad, las cosas son bastante más complejas que lo que este relato nos da a entender. Ante las reconstrucciones que ubican a la justicia constitucional en un plano horizontal, nosotros distinguiremos de manera diacrónica tres grandes momentos en la construcción de dicha autoridad, a saber, un momento estatal, un momento contramayoritario y un momento social, según el tipo de argumento privilegiado. No se trata, en verdad, de una evolución: hay, entre los tres tipos de argumento utilizados, no solo fuertes tensiones, sino también imbricaciones no menos importantes.

Ya que partimos del contexto europeo, concentraremos nuestro análisis en las cortes constitucionales. Pero esta historia nos mostrará que el lugar de la justicia constitucional en las democracias contemporáneas obliga a ampliar el debate sobre la autoridad (es decir, su legitimación), independientemente de la técnica, difusa o concentrada, empleada. Aquí también el marco del Derecho constitucional se ha tornado muy estrecho y hay que ir más allá de él.

I. La autoridad estatal

Aquí se ubica el momento kelseniano propiamente dicho. Las primeras expresiones de lo que se llamará más tarde modelo concentrado aparecen en 1920 en las constituciones de Checoslovaquia y Austria, dos antiguos componentes del Imperio Austro-húngaro que se desintegra a finales de 1918, dando nacimiento a sendas democracias parlamentarias. Hans Kelsen, consejero jurídico del primer canciller de la nueva república, el socialdemócrata Karl Renner, será el redactor del texto austríaco, mientras que uno de sus colegas-discípulos más cercanos, Frantisek Weyr, participará activamente del debate checoslovaco. Esta cercanía entre la teoría kelseniana en ciernes y la nueva institución se verá reforzada por la nomi-nación de Kelsen como magistrado vitalicio de la Verfassungsgerichtshof en 1921, cargo que deberá abandonar al final de la década por los conflictos entre el alto tribunal y el Gobierno federal, ahora encabezado por los demócratas cristianos y que cul-minan en una reforma constitucional en 1929, cuya *Novelle* modifica, entre otros artículos, el modo de nominación de los jueces y su competencia en ma-teria de control. En la reconstrucción posterior que hará Kelsen a través de su autorizado biógrafo, la Corte aparecerá como la institución más novedosa del nuevo orden jurídico y como el principal apor-te del líder de la Escuela de Viena a ese momento. No nos interesa aquí proceder a la descripción de la institución, a la que ya fue consagrada una tesis poco tiempo después de su nacimiento[5]. Y apenas señalaremos que Kelsen no es el creador, el "genial inventor" del sistema, como se lee muy a menudo, sino que se inspira en una abundante discusión de la época, y en particular de los trabajos de su maestro de Heildelberg, Georg Jellinek, quien había propuesto a finales del siglo XIX la erección de un tribunal de ese tipo en la doble monarquía danubiana[6]. Tampoco en un primer momento Kelsen se había mostrado demasiado convencido de la utilidad de tal institución, y fue la insistencia de Renner la que llevó a su concreción, como la investigación histórica ha podido determinarlo.

En cambio, Kelsen fue incuestionablemente el primero en teorizar los fundamentos del sistema, y ello ya es título suficiente para ocupar un lugar central en esta historia. Cabe aclarar, empero, que dicha sistematización interviene tardíamente, hacia 1928, y está ligada al debate más complejo que se desarrolla en ese momento en la República de Weimar, lo que lo lleva de hecho a polemizar poco después con Carl Schmitt, en una confrontación que a menudo ha dejado en la sombra aspectos importantes de la

---

5   Ver C. EISENMANN, *La justice constitutionnelle et la Haute Cour de Justice d'Autriche* (1928), Paris, Economica, 1984.

6   Para la reconstrucción de la visión kelseniana, ver C. M. HERRERA, "La polémica Schmitt-Kelsen sobre el guardián de la Constitución", *Revista de Estudios Políticos*, n.° 86, 1994, pp. 195-227.

cuestión[7]. Luego de publicar un texto en 1942, donde se ocupaba de comparar el sistema austríaco con la Corte Suprema norteamericana, Kelsen dejará de interesarse directamente en la cuestión, aunque reivindicará siempre la institución, o al menos el papel protagónico que le cupo en los inicios de la historia.

Si bien se trataba de un problema de "política jurídica" y no de ciencia del derecho, Kelsen había asociado su justificación a un concepto teórico de su incipiente sistema, la estructura escalonada del orden jurídico, la llamada *Stufenbautheorie* elaborada por su principal discípulo, Adolf Merkl[8]. Y en verdad, se puede pensar que sus argumentos para fundar la autoridad de esta corte se ubican en varios niveles. Primero que todo, apoyándose en la vía abierta por Thomas Paine en el siglo XVIII, y recogida por el *Chief Justice* John Marshall en 1803, Kelsen avanza la idea de la supremacía de la constitución, concebida como norma jurídica positiva, cuyo carácter no puede asegurarse más que por su justiciabilidad

---

7 Ver ibíd.; R. BAUMERT, "La République de Weimar: l'autre laboratoire du 'modèle européen' de justice constitutionnelle?", en C. M. HERRERA (ed.), *La Constitution de Weimar et la pensée juridique française*, Paris, Kimé, 2011.

8 Esta asociación, típicamente kelseniana, puso en aprietos a muchos intérpretes, en particular en Francia. En efecto, condujo a justificar la justicia constitucional como realización de la jerarquía de normas, como si esta fuera una estructura lineal y preexistente, que el juez solo debía garantizar luego con su decisión de anulación.

ante un tribunal. Cuando se concentra en la finalidad de esta institución encontramos dos tipos de argumentos más específicos. Si a veces se autoriza incluso argumentos abiertamente políticos, del tipo: la justicia constitucional es la garantía de paz al interior del Estado, el control es presentado ante todo como "un elemento del sistema de medidas técnicas que tienen por objetivo asegurar el ejercicio regular de las funciones estatales". Es por ello que estima indispensable la existencia de este tipo de tribunales en Estados federales, como Austria y Alemania. No existía por entonces una distinción neta entre lo que se denominaba en alemán la *Staatsgerichtsbarkeit* (la jurisdicción estatal) y la justicia constitucional como la entendemos hoy, y era la primera que absorbía lo esencial de la significación de la segunda.

No hay que olvidar tampoco que el jurista vienés reconocía que un tribunal así concebido sobrepasaba una función estrictamente judicial e incluso había insistido en que la Verfassungsgerichtshof fuera un órgano ubicado por fuera del poder judicial, impidiendo incluso que los jueces ordinarios estuviesen habilitados para pedir el control, que quedaba exclusivamente en manos de las autoridades políticas[9].

---

9 La reforma constitucional de 1929, que Kelsen denunciará a lo largo del tiempo, daba también la posibilidad de obtener el control constitucional a las dos cortes supremas del orden austríaco, lo que podía ser juzgado como una mejora técnica desde el punto de vista actual.

El tribunal constitucional era definido entonces como un "legislador negativo", aunque Kelsen precisaba que su poder era menor que el de cualquier parlamento, que no conocía grandes limitaciones en cuanto al contenido y la materia de la legislación, mientras que la justicia constitucional se limitaba a anular una norma tomando en cuenta el procedimiento de creación de la misma.

En dicho modelo, el llamado procedimiento contencioso de derechos quedaba excluido, y mucho más si estos no estaban codificados en el texto constitucional propiamente dicho (y se hallaban en preámbulos o declaraciones, etc.), como así también toda forma de supra-constitucionalidad[10]. Y en ningún caso los particulares estaban legitimados para pedir el control por vía de una acción de inconstitucionalidad.

El éxito de este modelo será muy mitigado por entonces: apenas si puede citarse, por fuera del caso checoslovaco, la versión más política que representó el Tribunal de Garantías Constitucionales de la Constitución española de 1931, que de hecho no funcionará demasiado tiempo[11].

---

10 Ver H. KELSEN, "La garantie juridictionnelle de la Constitution (La justice constitutionnelle)", *Revue du Droit Public*, 1928, pp. 239, 198. El jurista austríaco hablarán en cambio de protección de las minorías, aunque se trataba de las minorías parlamentarias en el marco de una democracia.

11 Ver R. M. RUIZ LAPEÑA, *El Tribunal de Garantías Constitucionales en la II República Española*, Barcelona, Bosch, 1982.

Si nos animamos a resumir el tipo de autoridad que surge de los argumentos de Kelsen, podríamos decir que es ante todo técnico: el funcionamiento regular de los componentes de una forma estatal compleja como es el Estado federal, constituido por varios niveles, legitimidad a la que se busca darle, en un segundo momento, una base democrática importante, por el tipo de designación de los magistrados –que no son jueces de carrera, sino nombrados por el parlamento–, por su rol en la protección de las minorías, etc. Apenas si es necesario subrayar que estamos lejos de los argumentos basados en la protección de los derechos fundamentales o de la realización del Estado de derecho, que son nociones ajenas al sistema kelseniano, que las combatió incluso, por estimar que eran, en el mejor de los casos, superfluas –y en el peor, ideológicas…

II. La autoridad contramayoritaria

Un importante cambio de perspectivas interviene luego de terminada la Segunda Guerra Mundial y de la caída de los regímenes totalitarios. Frente a las limitaciones mostradas por los mecanismos democráticos parlamentarios para impedir el acceso por vías (más o menos) legales a gobiernos autoritarios, que se vieron consolidados por el voto de leyes de plenos poderes de manera no menos regular, se insistirá en los componentes contramayoritarios de un control de constitucionalidad concentrado. Las cortes constitucionales se transformarán en guardianes del Estado de derecho democrático, y con ello de los derechos fundamentales.

Esta nueva justificación encierra dos dimensiones. Por un lado, la protección de la esfera individual definida y reconocida por la constitución en términos de "derechos", que es sustraída de la decisión mayoritaria. A partir de ahora, una acción de inconstitucionalidad es confiada a los ciudadanos, como ya existía en los sistemas difusos. Desde un punto de vista filosófico-político, esta nueva modalidad de justicia constitucional pareciera reactivar la inspiración liberal del constitucionalismo, al menos en la tradición representada por Alexis de Tocqueville, que había descrito el control de constitucionalidad ejercido por los tribunales norteamericanos como *"une des plus puissantes barrières qu'on ait jamais élevées contre la tyrannie des assemblées politiques"*, en el célebre capítulo de "Du pouvoir judiciaire aux États-Unis et de son action sur la société politique" de su gran obra *De la democracia en América*[12]. El republicanismo también hacía de la "condición contramayoritaria" una de aquellas que el Estado republicano debía cumplir para su desarrollo constitucional[13].

---

12 Es por ello que considera que los jueces en Estados Unidos tienen *"un immense pouvoir politique"*, aunque fueron ubicados en ese campo por fuera de su voluntad. A. de Tocqueville, *De la démocratie en Amérique*, t. i, 1, cap. vi (Paris, Garnier Flammarion, 1981, t. 1, p. 172).

13 Al menos en la versión autorizada que ha dado Philip Pettit,

La otra dimensión concierne a lo que se denomina-
rá en la República Federal Alemana un "contencioso
de protección de la constitución". No es casual que
este nuevo tipo de tribunal constitucional surgiese
en aquellos países europeos que habían sufrido
directamente la experiencia de los regímenes totalitarios, como Alemania e Italia, cuyas flamantes
constituciones instauraban estos tribunales. Así, una
jurisdicción constitucional podía prohibir partidos
políticos que defendían en sus programas ideas contrarias a la constitución, en particular en oposición a
los principios de un orden que incluía los derechos
fundamentales, la separación de poderes, la independencia de los tribunales, etc.[14].

Es en realidad este tipo de control, bastante ale-
jado del sistema originario, el que se tornará paradigmático, a tal punto que ciertos autores prefieren

---

Républicanisme. Une théorie de la liberté et du gouvernement (1997),
Paris, Gallimard, 2004, p. 371.

14 La Corte Constitucional de Karlsruhe pudo así prohibir y
disolver un partido neonazi, el llamado *Sozialistiche Reichs-
partei* (fallo del 23 de octubre de 1952, SRP - *Verbot*, BVerfGE, 2,
1, y luego al partido comunista (fallo del 17 de agosto de 1956,
KPD - *Verbot*, BVerfGE, 5, 85), sentencia en la cual, de manera
más clara, se avanza en el eje del razonamiento según el cual el
respeto de los derechos fundamentales es imposible bajo una
dictadura del proletariado. El influjo ha llegado hasta nuestros días, y la Corte Constitucional coreana, instaurada por la
reforma constitucional de 1987, ha utilizado a fines de 2004 el
mismo razonamiento para prohibir a un partido político de
izquierdas, e incluso anular el mandato parlamentario de sus
diputados en la asamblea.

hablar hoy con razón de "modelo alemán", y ya no austríaco[15]. En todo caso, las nuevas cortes, su jurisprudencia, sus modos de funcionamiento servirán de vectores para la expansión de esta modalidad, en particular la *Bundesverfassungsgericht*, que comienza a funcionar dos años después de promulgada la Constitución, a partir de 1951 (la Corte Constitucional italiana solo entrará en funciones cuatro años después).

Durante mucho tiempo, el modelo queda emplazado dentro de las fronteras europeas, con la excepción, al fin de cuentas relativa, de Turquía, en 1961, que, aparte de su posición geográfica particular en los confines del Viejo Continente, estaba muy marcada por el influjo del derecho público alemán. Pero recibirá un impulso decisivo con la llamada "tercera ola" de la justicia constitucional, cuando los viejos regímenes autoritarios del Sur del Viejo Continente, en particular de Portugal y España, dan paso a nuevas democracias parlamentarias. El ejemplo por excelencia de este tipo de apropiación es el Tribunal Constitucional español, previsto por la Constitución de 1978, al que luego se agregaría su homólogo de Portugal, después que la reforma constitucional de 1982 transformase el obsoleto Consejo de la Revolución en una jurisdicción constitucional.

La autoridad contramayoritaria que supone esta modalidad nos muestra una diferencia neta

---

15 Incluso en Francia, este cambio de perspectiva se expresa ahora en el empleo más corriente del término "modelo europeo".

con respecto al tipo de argumento desarrollado en defensa de la legitimidad estatal. De hecho, como acabamos de ver, los dos diseños institucionales disienten en puntos fundamentales, en particular en lo que hace al acceso de los individuos a dicho control, y al objeto del mismo, que incluye prioritariamente a los derechos fundamentales, ahora claramente codificados en el texto constitucional, y que forman parte de las normas de referencia para ejercer el control. Al asentar su autoridad en la garantía de los derechos fundamentales, la justicia constitucional se distingue también de los fundamentos democráticos que podíamos entrever en los extremos de la argumentación kelseniana.

En ambas argumentaciones, en cambio, permanece la idea de la constitución como norma, es decir como regla jurídica aplicable, lo que justifica la existencia del juez constitucional. La autoridad de la justicia constitucional residiría en la obligación que se impone al Estado de respetar la constitución, de la que se subraya el carácter plenamente obligatorio. Pero el giro contramayoritario termina por extender esta idea, y el carácter normativo de la constitución no se limita a considerarla solo como norma jurídica, sino también como norma que expresa un "conjunto de valores", como lo declara el fallo 101/1983 del Tribunal Constitucional español, lo que termina por dilatar el objeto del control.

Estas cortes constitucionales, modeladas según la la idea del Estado de derecho, ahora constitucionalizado como principio, entienden ubicarse en una estricta separación de poderes, como uno de los principios que se derivan de aquel. Pero los límites de este razonamiento surgirán con la extensión progresiva de la noción de "derechos fundamentales" en las nuevas constituciones que aparecen a partir de los años 1990, e incluso antes, con la crisis del Estado de Bienestar.

La autoridad de la justicia constitucional garante de los derechos fundamentales había conducido a la doctrina a excluir de dicha protección a los derechos llamados de acción o positivos, como los derechos sociales, que exigían del Estado no solo una abstención sino también, llegado el caso, una acción. De hecho, el lugar de estos derechos era muy limitado, como en el *Grundgesetz*, o bien estaba fuertemente enmarcado, como en la Constitución española.

Las razones, como hemos recordado en el capítulo anterior, eran de diferente tipo, e iban de la dificultad técnica para el juez de garantizar tales derechos "positivos" hasta el respeto de la separación de poderes, sin olvidar una visión de la democracia que dejaba en manos del legislador y del gobierno las iniciativas políticas y la decisión de afectar el gasto público.

III. La autoridad social

Un nuevo cambio de perspectiva aparecerá de manera cada vez más marcada en la segunda mitad de los años 1980, y sobre todo en la década siguiente, cuando la emergencia de cortes supremas, y luego de cortes constitucionales, muy activas en materia de protección de derechos sociales, expandirá el marco de referencia. Una jurisprudencia que se veía facilitada por la ampliación de los recursos de inconstitucionalidad confiados a los ciudadanos, como la acción de tutela en la Constitución colombiana de 1991, y ya antes por la *Public Interest Litigation* (PIL) desarrollada por la Corte Suprema de India. Estos cambios están ligados a un evento histórico comparable al fin de las monarquías de Europa central a fines de los años 1910 o a la derrota de los totalitarismos en 1945, e incluso más trascendente, si se tiene en cuenta el discurso con que se legitimaban tales cambios: la caída de los regímenes del Este europeo, y las diversas recomposiciones que su desaparición conllevaba en términos constitucionales.

En todo caso, estas transformaciones permiten la emergencia de un nuevo tipo de justicia constitucional, en que los jueces asumen de manera más directa y explícita su papel de actor político central del sistema, en aras de una visión menos estrecha de la doctrina de la separación de poderes. Los ejemplos paradigmáticos son aquellos de las jurisdicciones que nacen de procesos de ampliación democrática, como la ya citada Corte Constitucional colombiana o la Corte Constitucional de Sudáfrica, instaurada por la Constitución de 1996, o aun, en especial en un plano de garantías, la Corte Constitucional húngara. Pero en verdad, esta evolución toca a otros sistemas jurídicos que la clasificación tradicional calificaría como de "control difuso", en particular la Corte

Suprema india o, en menor medida, el Supremo Tribunal Federal de Brasil.

Si partimos del caso indio, veremos incluso que los cambios no obedecen necesariamente a una ampliación de funciones constitucionales. La Constitución de 1950 establece en su artículo 37 que los "principios directivos de política estatal" que el texto desarrolla en su IV parte no son ejecutables (*enforceable*) ante los tribunales y no crean derechos judiciales para los individuos, instaurando únicamente deberes para el Estado que se traducirían, ante todo, en el plano de la elaboración de su legislación en materia social. Si la Corte se ha abstenido en crear derechos individuales a partir de estos principios, las leyes que los contradicen pueden ser declaradas no conformes a la Constitución. Al mismo tiempo, la jurisprudencia de la Corte ha considerado que esos principios directivos y los derechos fundamentales forman una trama integrada, y que no existe oposición entre unos y otros[16]. En ese sentido, la Corte ha podido afirmar que "la justicia social es un derecho fundamental y el empoderamiento económico (*economic empowerment*) un derecho fundamental para las personas desfavorecidas"[17]. Lo que condujo a la justiciabilidad de un conjunto de "derechos sociales", fundada en una interpretación amplia del artículo 21

---

16 P. ej., *Bandhua Mukti Morcha v. Union of India*, 1984 (voto del juez Bhagwati).

17 *Ashok Kumar Gupta v. State of U. P.*, del 21 de marzo de 1997.

de la Constitución. Sobre todo, la Corte pondrá en funcionamiento una PIL –en particular en sus célebres fallos *Sunil Batra (II) v. Delhi Administration*, de 1980, y *S. P. Gupta v. Union of India*, de 1981– que permitirá provocar el control con la simple presentación de un tercero, cuando la violación de un derecho esté ligada a las condiciones económicas y sociales, moderando la visión restrictiva del interés por actuar. La PIL llevará a una forma de intervención política significativa, a tal punto que ciertos autores preferirán hablar de *Social Action Litigation*, ya que la Corte no solo tenía la posibilidad de tomar la iniciativa para intervenir en un conjunto de violaciones de derechos ligados a causas de pobreza, sino que la técnica del llamado *"mandamus"* le permitía incluso monitorear directamente las soluciones propuestas por los poderes públicos[18].

Estas jurisdicciones asumen una nueva visión de la separación de poderes que, contra el "modelo absoluto y rígido", como lo calificara la Corte Constitucional colombiana, promueve un "sistema flexible de distribución de las diferentes funciones del poder público, donde se encuentra el principio de colaboración entre los diferentes órganos del Estado y los diversos mecanismos de pesos y contrapesos entre los poderes" (sentencia C-971 de 2004). En su rol activo, ya no de simple garante, el juez se transforma

---

18 Es a partir de las experiencias de los años 1970 y 1980 que algunos autores indios han hablado de populismo judicial.

en un "instrumento de presión frente al legislador", para el desarrollo de la constitución, lo que deja ver a las claras su función política[19]. La idea según la cual habría esferas políticas no justiciables –respecto de las cuales un tribunal no podría pronunciarse sin violar la separación de poderes que sería propia del Estado de derecho– es puesta en tela de juicio, a tal punto que estas jurisdicciones adoptan la posibilidad de controlar las reformas constitucionales. Así, ese elemento político-democrático que encierra todo orden jurídico positivo, es decir el poder constituyente, al menos en su modalidad derivada, puede ser objeto de control. La Corte Suprema india había abierto esta vía hacia finales de los años 1960 y, tras un largo conflicto con el Gobierno a lo largo de la década siguiente, terminará elaborando la llamada doctrina de la "estructura básica de la Constitución", que no puede ser modificada por las reformas parciales del Parlamento, y en cuya trama se incluía la *Judicial Review*. De manera diferente, ya

---

19 Este posicionamiento se traduce en una serie de nuevas técnicas de control, que permiten sancionar la inacción del legislador con respecto a los mandatos constitucionales, controlar la racionalidad de sus respuestas legales, o, en otras palabras, juzgar los medios desplegados para cumplir con los objetivos constitucionales, sin olvidar la posibilidad de ordenar directamente al legislador o al gobierno la implementación de acciones mediante prescripción directa. Sin entrar en la cuestión del reconocimiento de nuevos derechos por vía jurisprudencial. Ver HERRERA, "La justiciabilité des droits sociaux", cit., pp. 103-117.

que se trataba del control de constitucionalidad de la ley habilitante al referéndum constitucional, para decidir la autorización de una segunda reelección del Presidente de la República en funciones, la Corte Constitucional colombiana, en su sentencia *Uribe* (C-141 del 26 de febrero de 2010), declaró inconstitucional e interrumpió en consecuencia el proceso de reforma constitucional iniciado por el Congreso, luego de haber constatado violaciones a un conjunto de reglas de procedimiento, esenciales a su juicio para el funcionamiento del sistema democrático moderno, pero también a la luz de cuestiones de fondo para la democracia pluralista, participativa y representativa, en particular las consecuencias de una no limitación de los mandatos de ejercicio de poder, la personalización del mismo, el reforzamiento del Ejecutivo con respecto a los otros órganos, la no renovación de los equipos gubernamentales, etc. Para la Corte Constitucional colombiana, la alternancia es un principio fundamental de la Constitución que se vería desnaturalizado por el ejercicio ininterrumpido del poder.

Así, las nuevas jurisdicciones hacen abiertamente gala de su autoridad social, con una legitimidad político-democrática "originaria", y ya no derivada de otro poder, como podía aparecer de manera indirecta en el primer modelo, a través de la nominación por el parlamento. Como lo afirma la Corte Constitucional colombiana, el juez, al relacionar la constitución, sus principios y sus normas con las leyes y los hechos, hace uso de un poder de *discrecionalidad interpretativa*, que delimita necesariamente el sentido político de los textos constitucionales. Confirmando con ello que la sentencia judicial es, como la legislación, un proceso de creación de derecho.

*

La extensión del poder de la justicia constitucional en los Estados democráticos nos conduce a una nueva serie de interrogantes con respecto a su legitimidad, que no surgían en los primeros tiempos. Estos interrogantes aparecen para la teoría constitucional como verdaderos desafíos tanto con respecto a la representación tradicional de los tribunales en el modelo del Estado de derecho liberal como en lo referente a las técnicas de control jurisdiccional.

Se podría pensar, en un primer momento, que estas cuestiones se refieren ante todo a la legitimidad política y social de la justicia constitucional, que surgen de la ampliación de sus funciones, pero en verdad ellas desembocan rápidamente en el problema de la autoridad jurídica, ya que el control de constitucionalidad por parte de un tribunal no se deriva de la esencia de la democracia. Una significativa corriente del constitucionalismo, que reivindica la tradición republicana, ha revelado, contra los sistemas de justicia constitucional, la importancia de otros tipos de control, por otros actores que se inscriben más directamente en los mecanismos democráticos, como las elecciones, el parlamento o aun los partidos políticos[20].

En definitiva, los fundamentos de esta autoridad pueden ser discutidos, al menos de cara a tres desafíos[21].

Un desafío político, primero que todo. Con la ampliación del control de constitucionalidad, patente en materia de derechos sociales o de leyes de reforma constitucional, parece difícil poder sostener que las cortes supremas y los tribunales constitucionales son meros "legisladores negativos". Es por ello que se ha avanzado la tesis según la cual la corte constitucional es en realidad un co-legislador, otro representante de la voluntad general[22].

---

20 Ver, p. ej., R. BELLAMY, *Political Constitutionalism. A Republican Defence of the Constitutionality of Democracy*, Cambridge University Press, 2007. Ciertos téoricos importantes de la democracia, como Norberto Bobbio, no consideraban el control como un componente de la definición (ver V. CHAMPEIL-DESPLATS, "Démocratie, droits de l'homme et contrôle de constitutionnalité chez Norberto Bobbio", en C. M. HERRERA y S. PINON [eds.], *La démocratie, entre multiplication des droits et contre-pouvoirs sociaux*, Paris, Kimé, 2012).

21 Conviene precisar que la distinción es puramente analítica ya que, como lo veremos enseguida, las tres dimensiones están estrechamente ligadas en la idea de la justicia constitucional como elemento de un sistema democrático.

22 Como lo ha escrito Michel Troper, quien defendiera esta posición en el debate francés, "*la loi, expression de la volonté générale, est faite par plusieurs organes partiels* […] *La raison pour laquelle l'expression de la volonté générale est ainsi confiée à plusieurs*

Esta legitimidad democrática, ligada a la especificidad de la función, ha sido reforzada por el modo de elección de los jueces, una cuestión que ya había sido evocada por Kelsen a título de hipótesis (aunque para descartar el uso del voto popular). Sin embargo, en ciertos sistemas, se está experimentando la designación de magistrados mediante sufragio universal. Es el caso del Tribunal Constitucional Plurinacional previsto por la Constitución de la Bolivia de 2009 (art. 179 ss.), principio que se extiende a todas las jurisdicciones supremas de dicho orden jurídico. El sistema incluye una forma original de "campaña electoral" que confía a una comisión específica la facultad de dar a conocer, de manera idéntica y simultánea, los programas y los perfiles de los diferentes candidatos. El sistema tuvo su bautismo de fuego en octubre de 2011, generando fuertes polémicas, aunque estas no se referían tanto al mecanismo como al proceso y al contexto en que se desarrollaron las elecciones[23].

[acteurs] est qu'ils y contribuent de manière différente et sont soumis à des contraintes différentes: le Parlement statue en opportunité et subit des contraintes politiques; les juges constitutionnels ne statuent qu'occasionnellement en opportunité, mais le plus souvent au terme d'un raisonnement juridique et subissent les contraintes liées à ce raisonnement" (M. Troper, "Justice constitutionnelle et démocratie" (1990), ahora en Id., *Pour une théorie juridique de l'État*, Paris, PUF, 1994, p. 345).

23 Las elecciones judiciales estuvieron marcadas por un fuerte nivel de abstención para el sistema boliviano (en torno al 20%), con una mayoría de votos blancos o nulos. El Tribunal Constitucional, elegido con el 40% del cuerpo electoral, inició

Por cierto, el sufragio universal es una técnica de organización, y otros mecanismos pueden también coadyuvar a la legitimidad democrática de una corte constitucional, como la paridad absoluta hombre-mujer o la integración de magistrados surgidos del sistema de los pueblos originarios, como lo prevé de hecho también la Constitución de Bolivia.

Tenemos además un desafío social. Este pone de nuevo en relación al juez constitucional con el poder legislativo, pero esta vez desde un ángulo diferente, que concierne a la incidencia social de la decisión de un tribunal, como lo hemos visto en el capítulo precedente. Dado que los jueces, como poder, intervienen en el debate a través de sus sentencias, es posible preguntarse si este modo de actuar no es por naturaleza menos democrático. Como ya lo recordamos más arriba, con la célebre expresión "gobierno de los jueces", Édouard Lambert atacaba el conservatismo de la Corte Suprema norteamericana en materia social y económica, que solo se modificará a finales de los años 1930, tras el conflicto abierto con el presidente Franklin D. Roosevelt sobre la constitucionalidad de su política de *New Deal*. Esta embestida ha sido

---

sus funciones en enero 2012. Pero el actual Gobierno, encabezado por el presidente Evo Morales, preparó un proyecto de reforma constitucional que preveía el retorno a mecanismos tradicionales de designación, proyecto rechazado por un referéndum en 2015. Ambas circunstancias (la débil participación electoral y los proyectos de supresión del sistema) están más ligadas a cuestiones externas al mecanismo que internas.

actualizada por ciertos autores contemporáneos que ven en la importancia del gobierno en el diseño de políticas sociales los riesgos de una apropiación del gobierno por una "juristocracia". Los tribunales de justicia tendrían, según estos enfoques, un fuerte tropismo neoliberal, que las llevaría tarde o temprano a mostrarse favorables a políticas públicas minimalistas, en todo caso, individualistas y formalistas, y de manera general "hostiles hacia las demandas de derechos positivos, a la igualdad sustantiva, a la regulación estatal y a los derechos de los trabajadores". Uno de los principales sostenedores de este punto de vista concluye pues que la interpretación jurisdiccional de los derechos constitucionales muestra una "capacidad muy limitada" para el avance de los criterios de justicia distributiva en los campos del empleo, la salud, la vivienda y la educación[24].

En verdad, no es este el tipo de reproche que debería hacerse a tribunales de justicia que han ordenado al Gobierno construir un hospital o un sistema de cloacas. Pero está claro que estas intervenciones son más importantes en sistemas jurídicos donde la sociedad muestra niveles de desigualdad económica notables, y donde el Estado presenta importantes carencias, o incluso una ausencia crasa, en materia de intervención social, lo que aumenta el

---

24 R. Hirschl, *Towards Juristocracy. The Origins and Consequences of the New Constitutionalism*, Harvard University Press, 2007, pp. 147-148.

poder discrecional de los jueces en causas ligadas a la situación de pobreza. La Corte Suprema india o las cortes constitucionales de Colombia y Sudáfrica han producido sus fallos más importantes en este sentido allí donde la indigencia de los requirentes era incuestionable.

En todo caso, se puede observar que el activismo social de un tribunal no es permanente y conoce períodos de reflujo significativos, aun cuando la estructura social del país en cuestión no se haya visto realmente modificada. Lo que nos llevaría a una pregunta más amplia: ¿cuál es la responsabilidad política de una jurisdicción constitucional ante los diseños de las políticas sociales o económicas del Gobierno? No tenemos espacio para tratar la cuestión aquí, pero no se debe olvidar que su calidad de co-legislador no hace desaparecer las diferencias en cuanto a sus modalidades de intervención, aun ampliándolas procesalmente, por ejemplo con la convocatoria de audiencias públicas y amplias de los sectores interesados. Toda intervención política de un tribunal es limitada, aunque más no sea por una cuestión de lenguaje jurídico más restringido.

Llegamos así, finalmente, al desafío jurídico. La nueva autoridad política y social del juez constitucional, su implicación más abierta y directa en la deliberación democrática, lo obliga a renunciar a la supremacía en materia de interpretación constitucional, o al menos a su monopolio. Para decirlo de manera resumida, lo que la justicia constitucional

gana en autoridad política y social debe necesariamente perderlo como autoridad jurídica.

Esta situación conduce necesariamente a ensan-
char los modos de interpretación de la constitución,
imaginando mecanismos institucionales que faciliten
el diálogo con los otros poderes, pero también con
los actores sociales. Ya que es evidente que en la mayoría de los casos resueltos por un tribunal superior
muchas interpretaciones constitucionales razonables
son posibles. Es al menos lo que recuerdan algunos
constitucionalistas, sobre todo norteamericanos,
ante la rigidez del mecanismo de la *Judicial Review*
y en presencia de una jurisdicción suprema formada
por jueces vitalicios. Es por ello que la Teoría constitucional ha buscado identificar otras formas alternativas de control de constitucionalidad[25]. Se parte
del presupuesto de que entre las limitaciones constitucionales y el autogobierno democrático pueden
aparecer conflictos, que no se resuelven confiando
a una corte suprema la última palabra. Para autores
como el ya recordado Mark Tushnet, se necesita un
sistema de control de constitucionalidad que pueda
reducir esta tensión, no solo por la vía del diálogo,
sino también mediante la creación de mecanismos
que permitan al pueblo reaccionar contra decisiones
de los tribunales que pueden aparecer racional o
probablemente erróneas, sin pasar por los procedimientos pesados de la reforma constitucional o la

---

25 TUSHNET, *Weak Courts, Strong Rights,* cit.

nominación de nuevos jueces. Esto supone que la constitución es algo más que una limitación de las posibilidades políticas de decisión, viendo también en ella una vía para ampliar los derechos existentes y la participación democrática.

En todo caso, lo que se designa –o se denuncia…– como el activismo de los jueces es algo más que el voluntarismo circunstancial de un grupo social en determinados contextos que lo facilitan, más también que un cierto pragmatismo de la magistratura. Aparece ante nuestros ojos como el resultado, acaso algo paradójico, de la democratización de nuestras sociedades. Y dicha democratización expresa, en un plano jurídico, la demanda social de que la constitución, sus principios, sus derechos, sus promesas, sean respetados como norma superior tanto por el Gobierno como por el legislador, lo que significa, en el fondo, que sean desarrollados y ampliados.

Y esta democratización de las sociedades incluye también a la justicia constitucional. En ese sentido, y contrariamente a lo que se sostiene muchas veces, al menos en la doctrina constitucional francesa, es la democracia, en particular bajo la forma de multiplicación de demandas sociales en términos de derechos, lo que transforma la justicia constitucional, y no, a la inversa, la existencia de jueces constitucionales lo que conduciría a la democracia a dar un salto cualitativo. El lugar cada vez más importante de la justicia constitucional en nuestras sociedades exige una transformación jurídica –de los mecanismos de control, del modo de designación de los jueces, de la ampliación de los recursos de los ciudadanos– para poder adaptarse a estas nuevas exigencias. El carácter democrático de su autoridad tiene ese precio.

CAPÍTULO CUARTO
SEGURIDAD JURÍDICA Y EFECTIVIDAD
DE LOS DERECHOS SOCIALES

Las reconstrucciones habituales de la democracia constitucional contemporánea presuponen, tanto en el ámbito europeo como en el latinoamericano, un Estado de derecho –es decir, el establecimiento de un conjunto de garantías, aseguradas por la constitución, y cuya guarda es confiada en última instancia a un tribunal constitucional– y, a la vez, un Estado social –con el objetivo de asegurar, por medios no menos jurídicos, un cierto nivel de bienestar material para todas las capas de la población.

Sin embargo, tal como fuera presentada tradicionalmente, la cuestión presuponía un conflicto entre ambas nociones, dando por sobrentendido que la efectividad de los derechos sociales conllevaba dificultades para la seguridad jurídica. Era una vieja idea, que fuera desarrollada en momentos de la constitucionalización de la noción de Estado social de derecho en el *Grundgesetz* alemán de 1949. Aunque la tesis de la incompatibilidad irreductible parece haber sido dejada de lado, la idea de la oposición puede aún encontrar adeptos ya que los derechos sociales

aparecen como uno de los vectores de cambio social
en la democracia constitucional[1]. Más aún si se piensa
que ambas nociones han operado, posiblemente de
manera más abierta que otras, en los intersticios de
la relación entre derecho y política (e incluso, lo que
no es lo mismo, entre derecho e ideología). Lo han
hecho, además, en dirección contrapuesta: mientras
que la noción de "seguridad jurídica" ha favorecido
los discursos conservadores con respecto a un orden
social dado, el concepto de "derechos sociales" ha
sido utilizado a menudo para alentar reformas, a
veces muy profundas, del sistema[2].

En cualquier caso, el examen del problema no puede ignorar las variaciones que ambas nociones han
experimentado en los sistemas jurídicos positivos,
así como las nuevas reconstrucciones conceptuales
que proyectan. Por lo pronto, poner la cuestión en
términos equivalentes, es decir preguntarnos *hoy* por
la relación entre seguridad jurídica y derechos sociales, supone ya que ambas nociones cuentan con un

---

1 Ya Hans Kelsen, en la segunda edición de la *Reine Rechtslehre*,
había relacionado la idea de "seguridad jurídica" con la "flexibilidad del derecho"; a mayor flexibilidad correspondía pues
una menor seguridad jurídica.

2 Por cierto, ambas tendencias no deben naturalizarse: mani-
fiestan una orientación dominante históricamente, pero nada
impide, por caso, que la seguridad jurídica sea leída en clave
garantista, en particular cuando se refiere a personas físicas.

estatuto normativo similar (constitucional u otro)[3], algo que ha ocurrido de modo relativamente reciente.

I. La seguridad jurídica, más allá de los derechos patrimoniales

Detenerse en la noción de "seguridad jurídica" exigiría una reconstrucción histórica de sus vicisitudes, sobre todo durante el "largo" siglo XIX. En un primer momento su significante privilegiaba la situación jurídica de las personas. Es en ese sentido que la Declaración de Derechos del Hombre y del Ciudadano de 1789 colocaba, en su artículo II, la "*sûreté*" entre los "derechos naturales e imprescriptibles del hombre". Por cierto, se refería a la materia represiva, como lo desarrollaba el artículo VII de dicho texto, que establecía que nadie podía ser acusado, detenido o puesto en prisión más que en los casos determinados por la ley. Pero la situación patrimonial terminará integrando el núcleo de la noción para la doctrina tradicional, ensamblada en la idea de "derechos adquiridos"; la seguridad jurídica pasará a ser también la de su situación patrimonial.

---

3   Aunque el estatuto de ambos términos puede variar desde el punto de vista normativo, porque la seguridad jurídica suele ser considerada como un "principio general" o, en la terminología francesa, una "exigencia constitucional", mientras que los derechos sociales se han transformado hoy en normas jurídicas.

Por razones de espacio, me concentraré en una temporalidad más breve, pero que incluye dos niveles diferentes: el de sus evoluciones constitucionales actuales (A) y el de su tratamiento en la teoría del derecho (B).

A. El renacer constitucional de una noción

El estatuto normativo de la seguridad jurídica cobrará una particular significación tras la derrota de los regímenes totalitarios en Europa occidental. No por casualidad alcanzará un impulso determinante, con base jurisprudencial, en el derecho constitucional alemán, aunque el principio no fuera recogido por el texto de la Ley Fundamental de Bonn. En esa misma lógica se puede inscribir su reconocimiento explícito posterior en la segunda ola del constitucionalismo europeo de posguerra, como da cuenta la Constitución española de 1978, cuyo artículo 9.3 consagra la seguridad jurídica entre sus garantías.

Incluso en aquellos sistemas que no habían constitucionalizado explícitamente el principio, la evolución ha sido palpable. Baste como referencia aquí el giro revelador del derecho constitucional francés. No solo la noción de "seguridad jurídica" estaba ausente de los textos constitucionales, sino que la propia jurisprudencia constitucional había evitado constitucionalizar el principio, pese a haber sido invocado a menudo –la expresión aparecía solo de manera marginal en sus fallos–. El *Conseil constitutionnel* sostuvo incluso que *"aucune norme de valeur constitutionnelle ne garantit un principe dit de 'confiance légitime'"* (96-385 DC, del 30 de diciembre de 1996, y 97-391 DC, del 7 de noviembre de 1997). El uso de esta noción es de por sí sintomático: constitucionalizada jurisprudencialmente en derecho alemán, será recogida por el derecho comunitario y por el derecho europeo de los derechos humanos. La doctrina jurídica la consideraba no solo un elemento o una consecuencia del principio de seguridad jurídica, sino también, a veces, como su esencia[4] –las jurisdicciones europeas, en particular el Tribunal de Justicia de la Unión Europea, no tenían empacho en reconocer directamente a la seguridad jurídica como "principio general" del derecho comunitario. En el fondo, el principio del respecto de la confianza legítima sería "la cara subjetiva y concreta del principio de seguridad jurídica *stricto sensu*"[5].

No sorprenderá entonces que, bajo la presión del derecho europeo, el *Conseil constitutionnel* terminara recogiendo recientemente el principio de seguridad jurídica de manera indirecta, en un fallo donde dicha jurisdicción establece que el legislador *"méconnaîtrait la garantie des droits proclamée par l'article XVI de la Déclaration de 1789 s'il portait aux situations légalement acquises une atteinte qui ne soit justifiée par un*

---

4   D. SOULAS DE RUSSEL y P. RAIMBAULT, "Nature et racines du principe de sécurité juridique: une mise au point", *Revue internationale de droit comparé*, 2003, vol. 55, p. 100.

5   M. FROMONT, "Le principe de sécurité juridique", *Actualité Juridique. Droit Administratif*, 1996.

motif d'intérêt général suffisant" (2005-530 DC, del 29 de diciembre 2005). El proceso se verá profundizado estos últimos años tras la reforma constitucional que permite a los particulares, en el curso de un proceso, interponer una "cuestión previa de constitucionalidad", y que llevó rápidamente al *Conseil constitutionnel* a considerar la seguridad jurídica como un motivo invocable (2010-2 QPC, del 11 junio de 2010). La doctrina considera incluso que una sentencia posterior (2013-682 DC) completa el dispositivo, estableciendo que el legislador no puede, sin motivo de interés general suficiente, frustrar las expectativas previsibles de una situación determinada.

En derecho francés, el legislador puede siempre modificar retroactivamente una regla de derecho, pero queda sujeto a un conjunto de condiciones: perseguir un fin de interés general "suficiente"; respetar las sentencias con fuerza de cosa juzgada y el principio de no-retroactividad de las penas y sanciones; no desconocer una regla o un principio de valor constitucional, salvo si el fin general perseguido tiene valor constitucional; y, por último, definir estrictamente el alcance de la modificación o la validación. Al no existir una referencia normativa textual, el *Conseil constitutionnel* reenvía, como fundamento, al artículo XVI de la Declaración de 1789 que habla de asegurar una genérica "garantía de los derechos", pero que la jurisdicción considera como equivalente de la expresión contemporánea de seguridad jurídica[6].

Sin embargo, el reconocimiento jurisprudencial cada vez más extendido no hace desaparecer la pluralidad de significaciones que rodea a la noción de seguridad jurídica. No es casual que se busque atarla a otros conceptos jurídicos para darle sentido, como la "no retroactividad de la ley" –que sería en realidad uno de los efectos–, extendida más allá del principio penal, o la "garantía de los derechos" del artículo xvi de la Declaración de 1789, o aun a la "confianza legítima". Esta ambigüedad se torna más importante en el campo doctrinal.

B. La seguridad jurídica, entre forma y valor

Tomemos una definición corriente, propuesta por una enciclopedia jurídica, que puede servirnos de base para cernir la visión del jurista medio: "*Principe*

---

6 De manera simultánea, la otra jurisdicción suprema de derecho público del sistema jurídico francés, el Conseil d'État, juez de la legalidad del acto administrativo, ha dado "pleno efecto" al principio de seguridad jurídica en una decisión de asamblea del 24 de marzo de 2006. Según su fallo, en ejercicio de su poder reglamentario, las autoridades deben establecer las medidas transitorias que implica la nueva norma, a fin de evitar "perturbaciones" en las relaciones contractuales legalmente instituidas antes de la intervención de la administración, que si tuvieran carácter "excesivo" serían contrarias al principio. Esta idea de "*atteinte excessive*" es siempre determinada por el juez.

selon lequel les justiciables –entreprises et particuliers– doivent pouvoir compter sur une stabilité minimale des règles de droit et des situations juridiques. Il en découle un certain nombre de règles de droit positif, comme la non-rétroactivité des règlements ou le principe de confiance légitime"[7].

Como se puede observar, un nuevo elemento, de orden prescriptivo, se introduce aquí: la estabilidad mínima. No se trata de algo extemporáneo: buena parte de la doctrina francesa construye la significación de la seguridad jurídica sobre la idea de estabilidad en el tiempo de las situaciones establecidas de conformidad con reglas o decisiones, lo que conduciría a limitar *"le pouvoir des autorités publiques de modifier règles et décisions pour l'avenir et celui d'adopter des règles et des décisions présentant un caractère rétroactif"*[8]. Esta idea de *estabilidad* de las reglas y las situaciones jurídicas parece querer inducir un contenido particular a la noción, que va más allá de la interpretación dada por las jurisdicciones. Es posible que estemos ante uno de los componentes

---

7   *Lexique des termes juridiques*, Paris, Dalloz, 13.ª ed., 2001, p. 506 [subrayado mío, CMH].

8   Ver FROMONT, "Le principe de sécurité juridique", cit., para quien *"il serait un principe regroupant l'ensemble des règles assurant une certaine stabilité des situations juridiques"*. Con respecto a los magistrados, ver S. Boissard, "Comment garantir la stabilité des situations juridiques individuelles sans priver l'autorité administrative de tous moyens d'action et sans transiger sur le respect du principe de légalité? Le difficile dilemme du juge administratif", *Cahiers du Conseil Constitutionnel*, n.º 11, 2001.

ideológicos que imantan de antiguo la idea de seguridad jurídica. No por nada esta definición introduce a la empresa como sujeto de derecho.

Esto explica por qué uno de los principales teóricos del derecho del siglo XX, Hans Kelsen, fue un crítico incansable de la noción; para el jurista austríaco, se trataba de una afirmación ideológica si se le pretendía dar un sentido absoluto, detrás del cual estaba la idea de "seguridad económica". O al menos una ilusión que pretendía negar que fuera posible aplicar el derecho sin interpretarlo. Ahora bien, no solo existen muchas interpretaciones posibles de una norma desde el punto de vista jurídico, sino que, además, no es posible limitar desde un punto de vista práctico el poder discrecional de un órgano judicial o administrativo supremo para determinar su sentido. La noción de seguridad jurídica, concluía, busca darnos certeza absoluta sobre un contenido que no existe.

Esta posición radical se moderará, para dar lugar a una visión más abierta de la noción. La seguridad jurídica consistiría en el hecho de que las sentencias de los tribunales pudiesen ser previstas hasta cierto punto, de modo tal que los sujetos de derecho puedan orientar sus conductas en función de decisiones previsibles[9]. Kelsen relacionaba el tópico con dos sistemas posibles de creación del derecho. Un sistema en el cual la creación de normas jurídicas generales

---

9   H. KELSEN, *Reine Rechtslehre* (1960), reimp. Viena, Österreichische Staatsdruckerei, 1992, p. 257.

esté completamente centralizada (*i. e.*, reservada a un órgano de legislación central), y donde los tribunales tengan por única función aplicarlas a los casos concretos litigiosos, aporta una mayor seguridad jurídica. En cambio, el sistema que deja un poder discrecional amplio a los tribunales y órganos administrativos para decidir casos individuales, y procede, de manera general, a una descentralización de la creación del derecho, no garantiza mayormente la seguridad jurídica. Kelsen sostendrá que el principio de Estado de derecho, entendido como ligazón de la decisión de casos concretos a la norma general, "es esencialmente el principio de la seguridad jurídica"[10].

El razonamiento que consiste en ver en el principio de seguridad jurídica una consecuencia del Estado de derecho se ha mantenido hasta nuestros días. Pero es su carácter formal que se ve ampliado, asumiendo su condición de valor en los sistemas del constitucionalismo democrático. De hecho, en otro plano, asistimos a un desplazamiento de acentos, que insiste menos en la situación jurídica de los individuos que en la propiedad del sistema jurídico como

---

10 Más exactamente, la idea de seguridad jurídica, asociada a la de democracia, conformaría una noción particular de Estado de derecho, en la cual, entre otros aspectos, la jurisdicción y la administración están ligados por normas generales dictadas por un Parlamento elegido por el pueblo, los tribunales son independientes y los ciudadanos se ven garantizados ciertos derechos de libertad (como la libertad de conciencia, religiosa y de opinión). Ibíd., p. 314.

tal. Esto explica por qué el principio tiene siempre un carácter relativo. Aún en las recepciones actuales de la noción, en sistemas jurídicos como el francés, se deja siempre a salvo el "motivo de interés general suficiente", y la jurisprudencia del *Conseil d'État* exige solo que se prevea una normativa de transición para las situaciones contractuales en curso.

Incluso aquellos autores que se alejan de la perspectiva formal se inclinan por considerar la seguridad jurídica como un "valor adjetivo", es decir que cobra fuerza solo en relación con otros valores[11]. Para los partidarios de este enfoque se daría un uso conservador de la seguridad jurídica si se la separase de los otros valores y se la defendiese de manera sustantiva, sin tener en cuenta los otros fines o los valores que entienden perseguir las normas jurídicas, configurando así un "abuso del derecho". Para decirlo de otro modo, queda firme la idea de que la seguridad jurídica es una "capacidad de previsión", limitada y variable por definición.

Ciertos juristas han buscado profundizar algunos de sus aspectos, proponiendo una distinción en tres niveles: orden, certeza y seguridad *stricto sensu*. El primer nivel expresa que las normas jurídicas deben alcanzar un mínimo de previsibilidad, es decir aplicarse de forma regular al menos de cara a sus propios supuestos, algo que no las distingue

---

11 M. ATIENZA, *El sentido del derecho*, Barcelona, Ariel, 2004, pp. 181-183.

de otros sistemas normativos, como el de la moral. La "certeza jurídica" representa, en cambio, un alto grado de previsibilidad, que se relaciona con el hecho de que el cumplimiento de las normas jurídicas, a diferencia de lo que ocurre con las normas morales, está asegurado en última instancia por la coacción del Estado. La seguridad jurídica en sentido estricto sería, finalmente, "la capacidad de un determinado ordenamiento para hacer previsibles, seguros, los otros valores", es decir, "la seguridad de que el derecho nos proporciona un máximo de libertad y de igualdad"[12].

Con esta última definición quizás estemos adentrándonos en una nueva significación del concepto, que marca el estadio actual de la reflexión de la teoría del derecho pospositivista. Luigi Ferrajoli afirma así que el sentido de la seguridad jurídica "se funda en la (máxima) correspondencia entre las expectativas normativas y las expectativas cognitivas, asegurada por la existencia de garantías idóneas", siendo las expectativas normativas o deónticas expectativas de efectividad. La noción, como tal, hace referencia a la seguridad de las personas, que, aunque con técnicas diversas, es común a los derechos individuales y a los derechos sociales. En efecto, la seguridad jurídica así circunscrita puede ser entendida en clave negativa o en clave positiva. La efectividad de los derechos sociales exigiría una seguridad jurídica positiva, es

_____

12 Ibíd.

decir a través de prestaciones o servicios de otros sujetos, públicos o privados[13].

Esta nueva dimensión de la noción de seguridad jurídica aspira a corresponder a un nuevo paradigma del Estado de derecho. De modo que podemos concluir este apartado constatando la mutación de las significaciones de la seguridad jurídica que acompaña la propia evolución del Estado de derecho. En el Estado de derecho teorizado por el liberalismo europeo, la noción recibe un contenido que se extiende a los bienes patrimoniales, como garantía de estabilidad del orden social, cercana a la idea de "derechos adquiridos". Más tarde, la noción de seguridad jurídica se relaciona ante todo con la certeza que da el conocimiento de las normas aplicables, más exactamente, del procedimiento legislativo. Así entendido, el principio opera en un sentido preciso: los sujetos de derecho deben saber cuáles son sus derechos y obligaciones para poder ajustar sus conductas, es decir, deben contar con normas que definan con claridad dichos derechos –la claridad de la ley ha sido un criterio utilizado tanto por la Corte Europea de Derechos Humanos como por el *Conseil constitutionnel*–. Con el Estado de derecho democrático y social nos hallaríamos ante una significación más densa de seguridad jurídica, que incluye una faz positiva, en pos de garantizar la realización de ciertos contenidos de libertad e igualdad. De alguna

---

13 FERRAJOLI, *Principia iuris*, cit., t. 1, pp. 157, 746.

manera, la efectividad de los derechos sociales participaría de ella, siendo acaso su elemento principal.

II. LA EFECTIVIDAD DE LOS DERECHOS SOCIALES, MÁS ALLÁ DEL ESTADO

Las formas de efectividad de los derechos sociales no se han modificado en menor medida en el curso de la evolución de los sistemas jurídicos, una metamorfosis que acompaña de algún modo la transformación del Estado llamado social[14]. En efecto, el Estado social puede mostrar al menos tres modalidades (concebidas, claro está, como tipos abstractos y predominantes, y no como su expresión exclusiva). El primer tipo es aquel que se implementa en la Alemania de finales del siglo XIX bajo la férula del canciller Bismarck. Un segundo momento, más difícil de sintetizar en un modelo acabado, pero que adquiere ahora legitimidad constitucional y democrática, aparece en el período de entreguerras. Una tercera variedad se abrirá con el *Welfare State* que se proyecta desde finales de la Segunda Guerra Mundial en Europa occidental y que llega, a través de profundas crisis, hasta nuestros días[15].

---

14 En verdad, los conceptos de derechos sociales y de Estado social no son conmutables, ni teórica ni históricamente. Ver C. M. HERRERA, *Les droits sociaux*, Paris, PUF, 2009.

15 Ver C. M. HERRERA, "Estado social y derechos sociales fundamentales" (2006), trad. esp., *Revista de la Academia Colombiana de Jurisprudencia*, n.° 340, 2009.

Solo nos interesa aquí subrayar las consecuencias que estas modalidades conllevan para la seguridad jurídica. Para ello, conviene examinar la clase de efectividad de los derechos sociales en cada uno de los tres modelos estatales (A), para explorar luego el lugar del juez en la actualidad (B).

A. El Estado y la efectividad de los derechos sociales

En la Alemania bismarckiana, donde el dispositivo se construye por medio de una serie de leyes de seguro social –que protegen contra la enfermedad, los accidentes de trabajo y la vejez e invalidez–, la idea de "derechos sociales" presentaba serias dificultades para emerger. En particular, el modelo no puede ser reconstruido en términos de "derechos" porque el sistema era concebido bajo el signo de la particularidad. Si bien el pasaje del "pobre" al "trabajador" como categorías objetivas se pone en marcha con la adopción de una legislación de este tipo, la no-universalidad de su objeto, así como de sus beneficiarios, no ha sido modificada. Por ende, el diseño institucional se apuntalará con raíz profesional, incluso estatutaria, y la protección social quedará ligada a una clase específica de actividad laboral y a un cierto tipo de financiación (la cotización profesional). Esta relación entre prestación social y estatuto particular del beneficiado permanecerá arraigada muy sólidamente aún en el ámbito de las primeras experiencias republicanas de política social.

A estas alturas no sorprenderá constatar que en los Estados europeos donde existía una política social avanzada para la época, la efectividad de los "derechos" sociales se planteaba en términos meramente administrativos: la existencia de un servicio público era considerada suficiente.

El intervencionismo social del Estado sufrirá un cambio importante con su constitucionalización, que veremos desplegarse con sentidos diferentes, antes y después de 1945. En el período de entreguerras se ponen las bases de lo que hemos llamado el dispositivo del constitucionalismo social, en cuyo vértice encontramos una garantía especial de igualdad, pensada ante todo como habilitación a la intervención estatal en el plano económico y social con un sentido de igualdad. Este nuevo principio "material", que pretende romper con el principio formal de "igualdad ante la ley", se proyecta en dos tipos de disposiciones específicas. Por un lado, el reconocimiento de una serie de derechos sociales, propios, ante todo, al "cuarto estado" (los trabajadores), o dirigidos a grupos sociales determinados (familia, mujeres, infancia). Por el otro, la norma constitucional legitima un conjunto de modalidades de intervención pública sobre la propiedad privada, y por lo tanto su limitación en nombre no solo del interés general sino también de su función social[16].

---

16 Ver C. M. HERRERA, "El pensamiento social del constitucionalismo" (2008), trad. esp. en Id., *Los derechos sociales, entre*

Aunque su eficacia busca extenderse por la ampliación y el reconocimiento de nuevos sujetos de derecho (sindicatos, consejos obreros y económicos, etc.), los derechos sociales, aun enunciados en el texto constitucional, no superan el estadio de cláusulas programáticas, cuya eficacia se juzga ante todo por el desarrollo de normas generales por parte del legislador. Esta perspectiva jurídica no se modifica fundamentalmente cuando una nueva forma de Estado social, el *Welfare State* verá la luz al término de la Segunda Guerra Mundial. A diferencia del tipo bismarckiano de integración social, el principio de necesidad se universaliza a todos los ciudadanos y no a determinadas categorías de la población. Y, en oposición con el precedente modelo de entreguerras, la efectividad de los derechos sociales se desliga cada vez más de la modificación del régimen de propiedad privada.

La extensión del lenguaje de los derechos a las prestaciones sociales, tal como se observa en ciertas constituciones, no implicó automáticamente un cambio de estatuto jurídico de los mismos. Dado que la asignación de recursos del Estado depende de un variado conjunto de decisiones –especialmente financieras o de oportunidad política–, de índole distinta que las propiamente constitucionales, estos "derechos" no eliminaban la esfera de discrecionalidad

Estado y doctrina jurídica, Bogotá, Universidad Externado de Colombia, 2009.

del legislador, amparada por un principio de "reserva de lo posible", según una fórmula de la Corte Constitucional alemana que se ha extendido a otras jurisdicciones. Dicho de otro modo, desde un punto de vista técnico, los "derechos sociales", aunque estuvieran recogidos en la norma constitucional, no eran auténticos derechos subjetivos –en el sentido de normas de aplicación directa–, sino directivas, mandatos constitucionales, cuyo ámbito de validez no se correspondía con el de los derechos fundamentales. Si, como vimos en los capítulos previos, se concebía a los derechos sociales como prestaciones materiales financieramente costosas, no era en el ámbito de la jurisdicción donde debía sancionarse su eficacia sino en el accionar del Parlamento, y luego de la administración.

Sin embargo, en un proceso complejo, que no podemos describir en detalle aquí, el *Welfare State* terminará por vaciar la cuestión social en el molde de los "derechos"[17]. Y aunque se mantuviera la idea de que los derechos sociales eran de naturaleza jurídica distinta que los llamados derechos fundamentales, y que en consecuencia no podían ser sancionados en un sistema constitucional más que a título de objetivos, la evolución de los mismos terminará por dar un

---

17 En un principio, al menos, servirá para dejar cada vez más de lado el problema de la intervención estatal en la economía, que, bajo la forma de "planificación" o de "nacionalizaciones", había emergido muy fuertemente en los primeros procesos constitucionales postotalitarios.

lugar cada vez más central al juez en su efectividad. Una evolución paradójica, que hunden sus raíces en la fragilidad de la universalidad que implicaba el modelo de Estado de Bienestar, el *Welfare State* en sentido propio, tal como se desarrolla en los tres decenios que siguen al fin de la Segunda Guerra Mundial y que estalla con las crisis económicas sucesivas que signan su devenir desde mediados de los años 1970 hasta hoy. No se trata de una simple circunstancia: nos hallamos frente a una nueva variante, que podemos llamar *Welfare State* de crisis dada su permanencia en el tiempo y la consolidación de sus mecanismos específicos[18], en el que descollará la expansión de un cierto tipo de derechos sociales, los llamados derechos de ayuda social o derechos asistenciales (rentas mínimas de inserción, mínimo vital, etc.). En este tipo de derechos, las protecciones se construyen a partir de medidas selectivas de lucha contra la exclusión, con prestaciones concretas, dirigidas nuevamente a las víctimas de la pobreza, individualizadas por medio de toda una serie de criterios. Esto llevará a buena parte de la doctrina actual –de manera equivocada, desde nuestro punto de vista– a reafirmar que los derechos sociales son ante todo derechos de prestación.

Como podemos ver, a cada una de estas formas estatales corresponde cierta visión, o más exactamente,

---

18 C. M. HERRERA, "Fonctions sociales de l'État", en P. MBONGO, P. HERVOUËT y C. SANTULLI (eds.), *Dictionnaire encyclopédique de l'État*, Paris, Berger-Levrault, 2014, pp. 452-456.

una configuración específica de la efectividad de los derechos sociales, que se relaciona estrechamente con su estatuto normativo, incluso tras su constitucionalización. En un principio fue tomado como una norma programática, que creaba únicamente obligaciones para el legislador, más tarde fue considerado como una norma objetiva, y hoy existe una tendencia a abordarla como una norma subjetiva, que puede ser justiciable ante los tribunales. Esta mutación no desmiente el papel de la administración pública en la efectividad de los derechos sociales, pero su modalidad se torna más compleja con la intervención del juez y sus garantías.

B. ¿La efectividad como justiciabilidad?

En la medida que las antiguas política sociales son traducidas en términos de derechos sociales, y estos adoptan una modalidad excepcional de prestación, su efectividad cambia también de parámetros. La dimensión propiamente judicial o jurisdiccional de la efectividad, es decir la garantía, adquiere una nueva centralidad. Por cierto, estas modalidades de efectividad de los derechos sociales a través del juez conocen a su vez diferentes variantes internas, sobre las que conviene detenerse brevemente[19].

---

19 Con mayor detalle, HERRERA, "La justiciabilité des droits sociaux", cit.

Tenemos, por un lado, la vía de las llamadas interdicciones, en las cuales la jurisdicción se desenvuelve dentro de la lógica de su accionar tradicional. Las interdicciones en materia de derechos sociales se presentaron ante todo de dos maneras, como la interdicción de discriminación y como la interdicción de retroceso. La primera de estas garantías, de tipo negativo, mostró que todo derecho social cuenta con al menos una dimensión de efectividad inmediata, garantizada por el juez, incluso en aquellos países que no contaban con un catálogo constitucional de derechos. Incluso un tribunal como el alemán, que no hacía del activismo una práctica propia, ha podido ordenar la modificación del modo de cálculo del baremo que abre el acceso a una prestación social, por entender que produce efectos discriminatorios en algunos de sus beneficiarios, sin adentrarse en la determinación del nivel ideal. El porcentaje de ciertos impuestos indirectos sobre ciertos productos de primera necesidad puede ser del mismo modo invalidado por sus efectos discriminatorios.

La prohibición de retroceso ha sido también causa de declaración jurisdiccional de inconstitucionalidad de ciertas normas en determinados sistemas positivos, ya que el Estado no puede colocarse nuevamente en situación de deudor de una prestación social (p. ej., un sistema de salud) que ya había sido materializada institucionalmente en cumplimiento de un mandato constitucional, aunque las modalidades institucionales podían quedar sujetas a la discrecionalidad del legislador. El respeto del derecho social no se asocia tan solo a una acción positiva, sino que se convierte en obligación negativa, la prohibición de privar de efectos un derecho.

Nuevas modalidades surgirían más tarde del control abstracto de constitucionalidad de las leyes, como podía ser la constatación de omisiones o de la inacción por parte del legislador respecto al desarrollo normativo previsto por la constitución en ciertas materias. Ya hemos visto más arriba cómo algunos sistemas jurídicos positivos, como el brasileño, pueden llegar a autorizar al juez para dictar una norma general "supletiva" en el marco del llamado *mandado de injunção*. Al mismo tiempo se ha extendido el control jurisdiccional a la racionalidad de lo actuado por los poderes públicos en materia de derechos sociales, lo que permite a un tribunal juzgar las respuestas concretas dadas para la garantía de estos derechos, haciendo que sus modalidades no sean puramente discrecionales para el legislador. Los llamados "tests de racionalidad" propuestos por ciertas cortes constitucionales, que ya recordásemos más arriba, se han revelado en algunos sistemas positivos como una herramienta apta para garantizar la efectividad de derechos sociales, como el derecho a la salud.

Además, los tribunales han podido establecer directa y discrecionalmente las prestaciones materiales necesarias para garantizar la efectividad de derechos sociales como el mínimo vital, ordenando acciones positivas de efecto inmediato, incluso cuando estas no estén enunciadas como tales en la regla general. Esto implicaba conceder al juez, como ocurre en ciertos sistemas jurídicos, medios de acción específicos, de cara a la efectividad de los derechos sociales, de tipo positivo, incluso referido a aquellos derechos de estructura prestacional. Así, luego de reconocer efectos jurídicos específicos a normas programáticas, retraducidas en términos de derechos de aplicación inmediata, una corte de justicia ha podido ordenar la ejecución de medidas concretas fundadas en esos enunciados generales.

Si la cuestión de la efectividad de los derechos sociales no se agota en su justiciabilidad, cabe constatar que la garantía judicial y jurisdiccional se transforma en una de sus modalidades principales en los sistemas actuales.

En definitiva, la seguridad jurídica no presenta una incompatibilidad *a priori* con la idea de efectividad de los derechos sociales, máxime cuando esta última se apoya cada vez más en la garantía jurisdiccional. En todo caso, no se trataría de problemas de naturaleza diferente de la de aquellos que pueden surgir con otros derechos fundamentales desde el momento que existe un sistema de garantías coronado por un juez. Concebida en el sentido positivo que le dan, como hemos visto, algunas teorías jurídicas contemporáneas, la concreción de la efectividad de los derechos sociales participa incluso de dicha seguridad jurídica. En todo caso, en la medida que la significación de la seguridad jurídica se separa de los derechos patrimoniales –es decir, no se confunde con la noción de "derechos adquiridos" o estabilidad de las situaciones–, la tensión con la idea de efectividad de los derechos sociales tendería a amortiguarse, más aún cuando dicha efectividad no se limita a la materialización de una prestación.

Como lo ha recordado en más de una ocasión la jurisprudencia de la Corte Constitucional alemana, juzgar la seguridad jurídica implica siempre una casuística marcada. Pero supone, además, un juez cada vez más integrado en el diálogo democrático con los otros poderes del Estado, y un Estado democrático cada vez más comprometido en la lucha contra la desigualdad social.

SEGUNDA PARTE
LOS OTROS CONSTITUCIONALISMOS

Hablar de "otros" constitucionalismos debe ser entendido en una dimensión que contiene tanto el análisis de las experiencias pasadas como las proyecciones de un nuevo avatar. Pero, sobre todo, la otredad se refiere siempre a significaciones que se inscriben dentro del constitucionalismo: no menta nunca un afuera, sino una tensión con los lindes históricos.

En ese sentido, los próximos capítulos del libro se detienen con mayor detalle en un conjunto de experiencias surgidas en el seno de los sistemas constitucionales positivos ya estabilizados en el siglo XX. La cuestión resulta central para nuestro propósito, ya que dichas situaciones ilustran la relación del constitucionalismo con la sociedad, por un lado, y con la democracia, por el otro.

En los dos primeros capítulos se indagan otras tantas modalidades de la huella social dejada en el constitucionalismo del siglo pasado.

La primera, que es el tema del capítulo quinto, se refiere a la traducción que la idea de solidaridad, omnipresente en los debates políticos y jurídicos desde finales del siglo XIX, encontrará en el constitucionalismo, al volverse un tópico recurrente tras su desarrollo en los órdenes positivos post 1945 en calidad de "principio". Contrariamente a cierto sentido común, su significación es más ambigua, menos unidireccional de lo que se supone en algunos discursos que podemos calificar rápidamente de "progresistas".

El apartado siguiente aspira a trazar sintéticamente la historia del constitucionalismo social latinoamericano, una comprensión general de sus desarrollos y de sus características normativas, que hace surgir variantes específicas en comparación a la experiencia europea, a la que no puede ser reducida. Aquí también se prioriza realzar las facetas del problema, sus momentos, sus discontinuidades. En particular, el análisis se detiene en los alcances que pudo tener el populismo en la promoción de derechos y garantías.

Munidos ya de estos elementos, las dos últimas secciones de la obra se adentran con mayor vigor en el asunto, no menos complejo, de la relación entre constitucionalismo y democracia.

El problema se analiza primero con respecto a los fundamentos democráticos que puede ofrecer el constitucionalismo, y que es el tema del séptimo capítulo. Si a menudo aquellos parecieron hallarse en la idea de poder constituyente, que fue fuertemente reactivada en estos últimos años, se privilegia aquí el alcance de la noción de derechos sociales, sobre todo en las nuevas visiones que aparecieron con las recientes constituciones latinoamericanas.

La cuestión de la democracia es explorada asimismo en el capítulo final del volumen, a través del concepto de contrapoderes sociales. Veremos

allí cómo la más antigua preocupación del constitucionalismo, la limitación de los poderes absolutos,
puede recibir otros sentidos, sobre todo de cara a
la evolución actual de los sistemas políticos en los
países desarrollados.

CAPÍTULO QUINTO
LA SOLIDARIDAD Y SUS PROBLEMAS
POLÍTICO-CONSTITUCIONALES

Como lo afirmábamos en el primer capítulo de este libro, todo concepto –el conjunto de significaciones que lo forman– solo es inteligible por medio de su historia. Un concepto político, además, vive henchido de tradiciones nacionales, ajustado por las culturas donde opera como referente. En Francia, cuya tradición exploraremos aquí con mayor cuidado, la idea de solidaridad fue asociada con rapidez a una visión política determinada –de izquierdas, para decirlo de manera abrupta–, lo que no impedía que fuera –y sea– definida desde el campo de la ética como un valor o un ideal moral, es decir, universalizable, habilitando las visiones normativas del concepto.

Quizás el primer paso para alejarse de cierta práctica especulativa de la filosofía pase por recordar que dicho concepto fue integrado, a partir de un momento determinado, por los sistemas jurídicos positivos. Este vínculo con el derecho venía de antiguo: el origen etimológico de la palabra *solidaridad* proviene, como se sabe, de una deformación del *solidum*, por el cual los jurisconsultos romanos se referían a la

obligación que nacía entre los distintos deudores de
un todo. De este uso nace la idea de *solidez* y, luego,
la de *solidaridad*. Sin embargo, es a través de un sentido sociológico –que, como veremos enseguida, será
central para sus alcances actuales– que el concepto
de solidaridad termina adquiriendo autonomía en
el vocabulario político; un recorrido que comienza
con Auguste Comte, que lo usa para describir un
sentimiento social. En esa primera mitad del siglo
XIX que verá nacer, en un terreno abonado por las
mismas inquietudes, los conceptos de *sociología* y de
socialismo emerge pues la noción de solidaridad. Pierre Leroux, que también reclamaba para sí de manera
igualmente infundada la paternidad de la palabra
socialismo, sostiene que la tomó de los legistas para
remplazar la *caridad* del cristianismo[1]. La solidaridad
aparecerá entonces como un concepto que abre una
puerta a la solución de la cuestión social, y no solo
como fundamento filosófico de un nuevo orden.

La idea de solidaridad se desplegará con mayor
ambición en tiempos de construcción de un orden
democrático, en particular como fundamento *material* de la república. En ese sentido, su desarrollo más
sistemático puede ser datado con cierta precisión en
la fase de consolidación de la Tercera República francesa, en los últimos años del siglo XIX, bajo la pluma

---

1   Para la historia del concepto de solidaridad en el siglo XIX, ver
    M.-C. BLAIS, *La solidarité. Histoire d'une idée*, Paris, Gallimard,
    2007.

científica de Émile Durkheim (antecedido por los
trabajos de Louis Marion, en 1880, y, poco después,
de Alfred Fouillée) y la inspiración, más directamente
política, de Léon Bourgeois (precedido en ese campo
por Charles Renouvier, en 1869).

Con esta rica densidad social e incluso ética a
cuestas, el concepto de *solidaridad* conocerá a su vez
proyecciones propias dentro de la ciencia jurídica.
La primera aparece de manera inmediatamente posterior a los impulsos dados a la noción por las inci-
pientes ciencias sociales y el radicalismo francés. La
siguiente, en la segunda mitad del siglo XX, cuando
se generalizan los modelos estatales intervencionis-
tas en un marco democrático, bajo la modalidad de
un *Welfare State*. Este último momento, menos rico
desde el punto de vista conceptual que el precedente, es mucho más productivo desde una perspectiva
jurídico-normativa, y la solidaridad desplegará con
mayor precisión sus efectos en el plano institucional. En efecto, el nuevo compromiso social que se
establece tras la derrota del totalitarismo europeo
en 1945 está teñido de algún modo por el concepto,
permitiendo la emergencia de otro tipo de democracia, la "democracia social", según una denominación
extendida por entonces en la pluma de los juristas
franceses (y, claro, de otros lares).

A decir verdad, ya Durkheim veía en el derecho
–entendido en sentido general como una regla de
conducta sancionada– el símbolo visible de la solidaridad social, que se replicaba en sus normas jurídicas.

Aunque la tesis de Durkheim era ante todo analítica, su carga significativa no era solo epistemológica, y él mismo subrayaba que la tarea de las sociedades avanzadas residía en la introducción de una mayor equidad en las relaciones sociales. No por nada, de manera contemporánea, se hará una lectura sustancial de la tesis. Si todo derecho es de un modo u otro solidario, se podría decir que no hay sociedad sin solidaridad.

Se adivinan fácilmente desde ahora los efectos de legitimación que tal empleo acarrea. Claro que no agotamos el interés del tema argumentando que lo que se busca con un concepto saturado axiológicamente es legitimar un orden jurídico positivo; nos quedará siempre por determinar el *cómo* de dicha operación, cuestión que es siempre, además, mucho más compleja, por sus efectos productivos sobre la realidad social, que una mera ocultación. Por lo pronto, el uso del concepto de solidaridad será expansivo o defensivo, según los marcos donde se emplee. El primer modo aparece, por ejemplo, en épocas fundantes de la historia francesa, como a comienzos del siglo XX o en 1945. En contextos de crisis económica, en cambio, la noción parece adquirir un valor defensivo, como límite. Pero en todas sus manifestaciones, la idea de solidaridad guarda una serie de ambigüedades que condicionan la univocidad, la transparencia de su significación, así como el sentido de su utilización, al menos en sede jurídico-constitucional.

Queda claro, en cualquier caso, que el concepto *solidaridad* tiene una larga historia, no solo como tal, sino también en su relación con la democracia republicana, anterior incluso a su autonomía jurídica. Nos interesa detenernos aquí en la solidaridad como argumento, en una constelación donde lo político asume su vecindad con lo estatal, y en la cual, al mismo tiempo, lo social aparece como una cuestión por resolver institucionalmente. Lo que llamo "problemas político-constitucionales" del concepto de solidaridad encierra, empero, al menos dos dimensiones. La primera aparece en la construcción de un orden democrático. La segunda se refiere a las posibilidades de transformación de dicho orden.

I. La solidaridad y la construcción de un orden político

Como acabamos de ver, la sistematización del concepto de solidaridad, al menos en Francia, es hija de la modernidad de finales del siglo XIX, donde se la presenta como una noción nueva, apta para responder a los desafíos sociales que presentaba la evolución de las sociedades industriales y democráticas. Por cierto, el concepto había hecho irrupción antes, e incluso se establecían conexiones de sentido para hacerlo remontar a la Revolución Francesa, pero un conjunto de manifestaciones y giros confluyen para promover su novedad en esas circunstancias.

La más importante de estas empresas, en el plano político, es, como ya lo recordamos, la de Léon Bourgeois, por el lugar que ocupará el radicalismo en la dinámica republicana (y por el lugar que ocupó su autor dentro del radicalismo), y que dará origen a la llamada teoría "solidarista", cuyos orígenes se remontan de manera habitual a la publicación del primer opúsculo del autor, en 1896, bajo el título simple y eficaz de *Solidarité*. Bourgeois acababa de abandonar la más alta responsabilidad gubernamental: había sido presidente del Consejo entre noviembre de 1895 y abril de 1896. Tal vez por eso también, la teoría de Bourgeois tendrá una rápida repercusión en los variados campos de la filosofía, la economía, el derecho y, sobre todo, la política. Esta visión no solo se transforma en la trama del programa del Partido Radical en la primera década del nuevo siglo; servirá, además, de fundamento a la legislación social y laboral que se implementa en esos mismos momentos bajo el impulso de los gobiernos "republicanos de progreso" y radicales (el propio Bourgeois volverá a ocupar funciones como ministro de Trabajo, en particular). La solidaridad social era teorizada aquí como un derecho –"natural", en la medida en que Bourgeois considera que los procesos de solidaridad caracterizan la vida, en el sentido biológico de la palabra–, que se opone a la idea (católica) de caridad, en una lógica que no era en verdad original. Sobre el dato de una solidaridad natural se construirá el deber social de la solidaridad, que surge como tal del hecho de que el hombre, al nacer, adquiere una deuda social como beneficiario de la obra humana que lo precede y le permite existir.

En ese sentido, Bourgeois escribirá que "la ley positiva puede asegurar, a través de sanciones imperativas, el pago de la deuda social, la ejecución de la obligación que resulta, para cada hombre, de su estado de deudor hacia todos los otros". El carácter obligatorio de la deuda se fundamenta en una forma de cuasi-contrato, que traduce retroactivamente ese consentimiento a las reglas de la solidaridad social que existe en los hechos[2]. Para los ciudadanos desfavorecidos social y económicamente, esta situación se traduce jurídicamente en un "crédito" que puede hacerse valer ante la colectividad. La noción de Estado, pensado como instancia superior y exterior a los hombres –y que se asociaba por entonces a la ominosa concepción "germánica"–, es reemplazada por una idea más vaga de "sociedad" –para Bourgeois, su empresa trata de circunscribir una relación entre hombres, entre asociados–, lo que empalma con una vieja tradición que ya estaba presente, una vez más, en la Revolución Francesa[3].

En un terreno más concreto, el político Bourgeois preconizaba la creación de instituciones sociales que

---

2   L. Bourgeois, *Solidarité* (1896), Paris, Armand Colin, 1906.

3   Bourgeois considera que restringe así el lugar del Estado, reduciéndolo a una instancia judicial, encargada de interpretar y garantizar los pactos libremente acordados. Ver L. Bourgeois, "Les applications de la solidarité sociale", separata especial de la *Revue Politique et Parlementaire*, 1902.

"sirvan de garantía a los individuos frente a los riesgos de la vida", como la invalidez o la desocupación,
haciéndolos recíprocos. Sus traducciones prácticas se
irán precisando con el proyecto de instauración de
un mínimo vital –no solo para aquellos que necesitan
asistencia, sino incluso para aquellos que tempora-
riamente se encuentran privados de medios de vida
a causa de la salud, la desocupación o un accidente
laboral–, la limitación de la jornada de trabajo, y, en
un plano más general, la promoción de la educación
pública, gratuita en cada uno de sus niveles. Y en
un ámbito más definido aún, Bourgeois se vuelve el
adalid de la instauración de un impuesto progresivo
a las ganancias, para financiar la solidaridad de la
colectividad, aunque precisando que no se trataba
en su concepción de un "impuesto de nivelación".
Dado que, por el hecho mismo de la solidaridad –una
parte de la propiedad, de la libertad y de la actividad
de cada individuo proviene del esfuerzo social–,
esta debe consagrarse al bien común. El individuo
se libera así de la deuda social y puede disfrutar de
su libertad[4].

Si bien el futuro Premio Nobel de la Paz prefiere
insistir en la idea de "deberes del hombre" (más tarde
"deberes de solidaridad"), nacidos del hecho de la
solidaridad, en una suerte de paralelo con los derechos del hombre proclamados en 1789, con rapidez

---

4   Bourgeois, "Les applications de la solidarité sociale", cit.

surgirá del solidarismo una tradición que utiliza la categoría de derechos-crédito para pensar los derechos sociales, aunque, a decir verdad, por entonces más en el terreno de la filosofía y de la sociología que del derecho[5]. Sobre todo, como veremos más abajo, la doctrina de Bourgeois pareció expresar el principio mismo de la intervención social en el derecho público. Y no solo en el ámbito francés o en épocas remotas. Recordemos que la Corte Constitucional colombiana, en un resonante fallo de septiembre de 1992 que ya recordáramos más arriba sobre el derecho a la salud, fundaba su doctrina en el principio de la deuda social propio del solidarismo, para interpretar el principio de "solidaridad social" reconocido por la Constitución de 1991.

Empero, la "cientificidad" de la noción se asienta, antes que nada, en los trabajos de Émile Durkheim. En el mismo momento que el político radical presentaba sus ideas aparecía la tesis doctoral de Durkheim sobre *La división del trabajo social*, en 1893. Para su autor, la solidaridad era un "hecho social", que no puede ser conocido más que a través de sus efectos sociales. Y para "observar" ese hecho hay que recurrir al derecho, que reproduce las formas principales de la solidaridad. Es a partir de su estudio, o con más exactitud, de sus reflejos, de sus marcas jurídicas, que nuestro autor distingue dos tipos de solidaridad

5   C. M. Herrera, *Los derechos sociales, entre Estado y doctrina jurídica*, Bogotá, Universidad Externado de Colombia, 2009.

social: la solidaridad mecánica y la solidaridad orgánica. A la primera correspondía un derecho de tipo
represivo, como el derecho penal, que simbolizaba
un tipo de solidaridad donde la cohesión social nace
de una cierta conformidad de todas las conciencias
individuales a un tipo común, que los liga. En otros
términos, la unidad del cuerpo social se articula en la
similitud. En cambio, el derecho cooperativo traduce
un tipo de solidaridad "orgánica" –que implica otro
tipo de sanción, que el sociólogo francés denomina
restitutiva–, y que es propio del lazo social existente
en las sociedades industriales a partir de la división
del trabajo. A diferencia del tipo represivo, el derecho busca aquí reponer el estado anterior, como en
el caso de los *"dommages-intérêts"*. La división del
trabajo crea entre los hombres un sistema de derechos y deberes que los liga entre sí, y este conjunto
de reglas aseguran el concurso pacífico y regular de
las funciones divididas, dando lugar así a una cooperación, a una tarea común. La solidaridad orgánica
se vuelve predominante en las sociedades modernas.

   Durkheim nunca deja de subrayar que si la división del trabajo hace solidarios los intereses, estos
últimos conservan su carácter antagónico. Aunque
la solidaridad orgánica no suprime la oposición, la
"división del trabajo engendra reglas que aseguran
el concurso pacífico y regular de las funciones divididas". Nace entonces un consenso espontáneo entre
las partes, una solidaridad interna, que constituye el

cemento que une las sociedades[6]. Más aún, existe una relación estrecha, como lo explica en las páginas de *La división del trabajo social*, entre el derecho contractual y la división del trabajo: si el derecho refleja la solidaridad, se observa que las formas contractuales se desarrollan con mayor facilidad en el marco de la solidaridad orgánica, a tal punto que una de sus modalidades es la llamada "solidaridad contractual"[7].

Quizás sea una obra jurídica, la de Léon Duguit, la que mejor metaboliza el afluente político y el afluente sociológico del concepto de solidaridad –no caben dudas, en cambio, de que ella ilustra toda la complejidad de la recepción del pensamiento social dentro de la doctrina del derecho público (y no solo francés). Por cierto, la referencia directa a la doctrina política del solidarismo es marginal en Duguit, ya que este prefiere ubicarse en el terreno sociológico, al que tiene por científico. Y tras detenerse en un primer momento en la visión organicista de Spencer de la sociedad como ser vivo, se apropia muy pronto de la obra de Durkheim para fundar su tesis de que la interdependencia social establece las reglas del derecho. La solidaridad social, como hecho permanente, siempre igual a sí mismo, aparece como el fundamento de todo derecho.

---

6   Para Durkheim, en verdad, había formas particulares de solidaridad (nacional, doméstica, familiar, etc.), y no una solidaridad en sí.

7   É. Durkheim, *De la division du travail social* (1893), Paris, PUF, 1998.

Partiendo de las tesis durkheiminianas, el jurista bordelés afirma que "toda sociedad implica una solidaridad; toda regla de conducta que toca a los hombres que viven en sociedad ordena (*commande*) cooperar con dicha solidaridad; todas las relaciones humanas han sido y serán siempre relaciones de similitud o de división del trabajo; de allí la permanencia de la regla de derecho y su contenido general". En el fondo la solidaridad, bien entendida, "no es más que la coincidencia permanente entre los fines individuales y los fines sociales", el hombre solo puede querer la solidaridad. Si el ser humano está sometido a la regla que consiste en "no hacer nada que atente contra la solidaridad social en algunas de sus formas, y hacer todo lo que sea pertinenente para realizar y desarrollar la solidaridad mecánica y orgánica", el trabajo del jurista consiste en determinar cuál es la regla de derecho que se adapta exactamente a la estructura de una sociedad dada[8].

No nos interesa tanto, aquí, explayarnos sobre su visión de la solidaridad, poco original en sí, sino en las consecuencias que saca en materia de derecho público. El Estado, en particular, es concebido como una cooperación que asegura los servicios públicos y sanciona la regla social. Esta visión se empalma incluso con la idea de limitación del poder, ya que,

---

8   L. DUGUIT, *L'État, le droit objectif et la loi positive*, Paris, Fontemoing, 1901, y L. DUGUIT, *Manuel de droit constitutionnel*, Paris, Boccard, 1923.

para Duguit, "los gobernantes son individuos como cualquiera, sometidos como todos los individuos a reglas sociales fundadas en la solidaridad social e intersocial". Y dichas reglas sociales, justamente, "les imponen deberes, y sus actos son legítimos y deben ser obedecidos, no porque emanen de una persona pretendidamente soberana, sino solo y en cuanto son conformes a las reglas de derecho que se imponen a sus autores"[9]. O, para decirlo de otro modo, el Estado no es más que una potencia de hecho, cuyo objeto y extensión son determinados por el derecho objetivo que nace de la necesidad social.

Como tal, pues, el Estado está sujeto a "deberes objetivos", lo que facilita, en el marco de la ciencia del derecho de la época, las posibilidades para pensar jurídicamente políticas activas, positivas, de intervención. Los gobernantes, como todos los hombres, "no están solo llamados a abstenerse, sino a actuar", y en especial, "a organizar y asegurar por las leyes la educación, la asistencia y el trabajo". Aunque se muestra en un principio pesimista sobre la fuerza de la interdependencia social para asegurar dichas normas, el decano de Burdeos hablará de una regla de derecho que impone al Estado la obligación de "hacer todas las leyes que sean necesarias para asegurar la

---

9   L. DUGUIT, *Traité de droit constitutionnel*, Paris, Boccard, 5 tomos, 1921-1925.

realización de la solidaridad social", en materia de trabajo, asistencia y educación[10].

Por cierto, descarta, como inexacta, la idea de "derechos subjetivos a prestaciones activas" –lo que hoy llamaríamos derechos sociales–, pero el Estado, bajo cualquier forma política en que sea organizado, tiene deberes sociales que cumplir, para permitir que el individuo que necesita trabajar para vivir obtenga un empleo, que sea protegido de la explotación, que tenga asegurados los cuidados mínimos y medios de subsistencia e, incluso, cierto nivel de bienestar cultural. Es decir, hay reglas de derecho que está obligado a formular y realizar, ya que está en juego "la posibilidad de dar a cada uno la posibilidad material y moral de colaborar en la solidaridad social"[11]. En efecto, como ya ocurría con Bourgeois, pero de manera más manifiesta aún, Duguit no asocia la idea de solidaridad a "derechos", sino a "deberes". Al igual que el Estado, el individuo tiene solo deberes sociales. Como vemos, Duguit rechaza toda idea de derecho (subjetivo) de los individuos, en particular fundada en la "dignidad de la persona humana", noción que

---

10 Paralelamente, Duguit defiende la idea de la "función social" de la propiedad privada, que en su concepción intangible e individualista debe desaparecer, en beneficio de la idea de un "deber social". Ver C. M. HERRERA, "Léon Duguit's Legal Theory", en E. PATTARO (ed.), *A Treatise of Legal Philosophy and General Jurisprudence*, t. 12, Springer, 2015, pp. 422-428.

11 DUGUIT, *Traité de droit constitutionnel*, cit.

juzga "metafísica" y que, en consecuencia, no puede servir de fundamento a un sistema positivo.

Una misma preocupación práctica, aunque de signo más político, lo lleva a rechazar el reconocimiento del "derecho de huelga" y de todo "derecho obrero". La referencia es importante, porque nos muestra ya la emergencia de otro concepto de solidaridad que se está desarrollando en ese contexto: el de "solidaridad de clase"; nacida al calor de las condiciones de trabajo y de vida de la clase obrera, generaba formas específicas de intervención política; al menos era esa la forma en que la desarrollaban las corrientes sindicalistas revolucionarias, en torno a la CGT y al pensamiento de Georges Sorel[12]. Duguit rechaza que exista un derecho propio del mundo obrero: solo existe un derecho común que se aplica a todos los ciudadanos. Por su parte, promoverá una organización de tipo "sindical", descentralizada, donde las clases sociales estarían organizadas en un todo armonioso, que terminase justamente con el conflicto de clases[13]. No se debe olvidar tampoco el atractivo que ejerce para Durkheim el incipiente principio corporativo, como manera de integrar las formas de solidaridad debilitadas por la división del trabajo.

---

12 C. M. Herrera (ed.), *Georges Sorel et le droit*, Paris, Kimé, 2005.

13 L. Duguit, *L'État, le droit objectif et la loi positive*, Paris, Fontemoing, 1901, y L. Duguit, *Le droit social, le droit individuel et la transformation l'État*, Paris, Felix Alcan, 1908.

Esta visión dejaba atrás la idea de Estado decimo-
nónica, no solo en lo que se refería a su viejo estatuto
de gendarme, sino también a su carácter opresivo.
Como lo expresaba el más importante teórico español
del Estado de la época, Adolfo Posada, "el proceso
íntimo de la vida social se orienta hacia una compe-
netración intensa de los sentimientos de solidaridad",
que lleva al individuo a reconocer su carácter social,
y a los Estados, a convertirse en órganos supremos de
lo que llama "solidaridad expansiva", que trabajan
para "convertir en realidad política la solidaridad
que la evolución acentúa e intensifica", y para lo
cual el derecho actuaba como medio pero también
como punto de partida[14].

Sin embargo, esta disociación con la idea de derechos parece abonar todavía una distancia entre
principio de solidaridad y democracia, en sentido
político. Esto no parecía generar demasiadas dificultades para pensar la acción estatal, en la medida
que la intervención social del Estado, tal como venía
desarrollándose desde finales del siglo XIX, podía ser
autónoma de la forma política del mismo –de hecho,

---

14 Ver A. Posada, *Les fonctions sociales de l'État*, Paris, M. Giard,
1929. Si Posada estaba de acuerdo con Duguit en su visión
que la solidaridad determina un mundo de leyes y normas
–el derecho objetivo–, se separa del jurista francés al pensar
que es necesario el reconocimiento de los individuos para dar
fuerza moral a las normas, lo que llamará un "fluido ético". La
solidaridad es una conquista del derecho, una consecuencia,
más que una causa.

el primer modelo integral, el bismarckiano, era de tipo autoritario, como ya sabemos[15]. La dificultad aparecerá, empero, tras la fallida experiencia republicana del Estado social de entreguerras que había tratado de llevar adelante la República de Weimar, para citar solo la experiencia más sistemática del período. Cuando, al finalizar la Segunda Guerra Mundial, comienza a construirse en Europa un nuevo modelo estatal, que hará del pleno empleo su mayor aspiración, la intervención social no podrá ya desligarse del principio de ciudadanía democrática.

Más allá de las diferentes modalidades que tomará ese *Welfare State*, emerge una institución jurídica que parece consagrar la unión entre democracia y solidaridad: la seguridad social[16]. Un conjunto de nuevos esquemas buscará ilustrar esta evolución,

---

15 HERRERA, "Fonctions sociales de l'État", cit., pp. 452-456.

16 En ese contexto, el concepto de "seguridad" recubre dos significaciones emparentadas. Una, general, que tiene que ver con el principio de la liberación de los temores económicos y el alcance de un nuevo nivel de bienestar, que exigía la implementación de un conjunto de derechos sociales –los cuales, al decir de Franklin D. Roosevelt, en 1944, "significan seguridad" (F. D. ROOSEVELT, "La segunda 'Carta de derechos'" (1944), *Revista de Economía Institucional* 8, n.° 14, pp. 228-229. La otra, más específica, y que se relaciona con la primera, que da el nombre a la institución social que garantizaría esa seguridad, a través de lo que se denomina un "Plan para la seguridad social" (*Plan for Social Security*), que incluye un servicio de seguridad social (*Social Insurances*) (W. H. BEVERIDGE, *Social Insurance and Allied Services*, London, Published by His Majesty's Stationery Office, 1942).

que llevará también a reformular el principio de
solidaridad, aunque solo sea por el hecho de su
constitucionalización positiva.

II. La solidaridad y la transformación
de un orden social

Como hemos visto, el impulso del concepto de solidaridad de finales del siglo XIX en la tradición francesa
estuvo marcado por una preocupación social, que
operó como principio de explicación y, además, como
fundamento de la República. Es por este segundo ca-
mino que se desarrollará la evolución constitucional
en la segunda mitad del siglo XX. Ya no se trataba de
fonder la République, ni siquiera de dar curso a una
política social de signo asistencial. Como ya hemos
señalado previamente, la originalidad política de
los nuevos Estados sociales pasaba por la universalización de la idea de "necesidades sociales", que
se desligaba de los sectores más desfavorecidos de
la sociedad (los pobres, más tarde los trabajadores),
para extenderse ahora, al menos como posibilidad,
a todas las capas de la población, que podrían be-
neficiarse de un conjunto de prestaciones en cuanto
"ciudadanos". Y, en efecto, la universalización de
la política social favorecía su traducción en cuanto
pretensiones legales de los individuos. En su conocida teoría sobre la ciudadanía social, que buscaba
captar estas transformaciones, el sociólogo Thomas
Marshall situaba allí la ruptura con las antiguas *Poor
Laws*, que establecían un divorcio entre los derechos

sociales y la ciudadanía. Al implantar un derecho universal a un ingreso real que no era proporcional al valor del demandante en el mercado, el concepto de "ciudadanía social" daba un fundamento filosófico-político al proceso[17].

Un conjunto de expertos y actores políticos nacionales desarrollarán la idea de una seguridad social, como William H. Beveridge en Inglaterra, autor de los informes que sientan las bases de la nueva política social inglesa, o el menos conocido (y, por cierto, menos original) Pierre Laroque, quien redactó en Francia el llamado "Plan de la Seguridad Social", siendo luego encargado de la organización de la nueva institución en sus primeros años, como su director general. Para justificar la generalización de la seguridad social, Laroque sostenía que esta se fundaba en dos aspectos. Por un lado, "nadie puede pretender estar exento del riesgo de la inseguridad", como ya lo indicaba el Informe Beveridge. Por el otro, la seguridad social "supone una *solidaridad nacional*: todo el mundo es solidario ante los factores de la inseguridad, y esta solidaridad debe inscribirse en los hechos y en la ley"[18]. Pero el carácter nacional

---

17 T. H. MARSHALL, *Citizenship and Social Class and Other Essays*, Cambridge University Press, 1950.

18 Al mismo tiempo, Laroque rechazaba, al menos para Francia, que dicha solidaridad nacional se alcanzase por la intervención del Estado, por vía fiscal. En un plano más general, Laroque consideraba la solidaridad como un "principio ético funda-mental", que la colectividad tenía, llegado el momento, el

del recurso al concepto como fundamento aparece cuando se comparan estas referencias con los informes Beveridge de 1942 y 1944, que prefieren hablar de "conciencia social", más que de solidaridad, en un contexto donde los "sentimientos del pueblo británico" o las "libertades británicas" son movilizados como claves[19].

No era solo en el ámbito legal donde se producían cambios, también las nuevas constituciones se hacían eco de las transformaciones. La constitucionalización de un conjunto de demandas sociales supondría dos mutaciones importantes. La primera, que ya

---

deber de organizar (ver P. Laroque, *Au service de l'homme et du droit. Souvenirs et réflexions*, Paris, Association pour l'étude de l'histoire de la Sécurité sociale, 1993). Si el valor teórico de su reflexión es muy tenue, en cambio es perfectamente representativo, aun en su vaguedad, de la concepción que alimenta la idea de seguridad social en Francia.

19 En verdad, la traducción de la idea de "ciudadanía social", al menos en los sistemas positivos como el francés, era más compleja; ya que los individuos adquirían estos derechos sociales en función del grupo social al que pertenecían, en general, ligados al trabajo asalariado, puesto que el fin de este modelo es la sociedad de pleno empleo. A partir de lo que en algunas reconstrucciones posteriores se ha llamado la "propiedad social", se instauraba una base de protección para los no propietarios (H. Hatzfeld, "La difficile mutation de la sécurité-propriété à la sécurité-droit", *Prévenir* 1982, n.° 5, pp. 55-59; R. Castel, *L'insécurité sociale*, Paris, Seuil, 2003). Lo que explicaba, por otro lado, que el nuevo modelo se presentase menos como un Estado distribuidor que como un Estado protector, ya que las sociedades mantenían sus características de desigualdad social.

no había derechos "contra" el Estado, aunque no se concibieran por entonces los "derechos sociales" como justiciables ante el juez –aun bajo el enunciado de "derechos", se trataba más bien de principios políticos, que tenían como principal destinatario al legislador. Por otro lado, y más importante para nuestro análisis, el Estado social se termina convirtiendo en una forma estable, en un fin en sí mismo, y no en un puente o vehículo hacia otro tipo de orden económico post capitalista, como podía ser en el constitucionalismo social de entreguerras, en particular el alemán o el español.

En ese marco, el "principio de solidaridad" alcanzará estatuto constitucional, aunque no sea siempre en referencia directa a la cuestión social. Incluso en la Constitución francesa de 1946, en cuya cultura el concepto se había aclimatado de antaño, solo se enuncia ante las cargas que podían surgir de las calamidades nacionales. Sin embargo, aunque la recepción era limitada, el concepto se terminará convirtiendo en el fundamento de los sistemas de seguridad social que por entonces se desarrollan por fuera del ámbito constitucional propiamente dicho[20]. La "solidaridad"

---

20 Más tarde, al constitucionalizarse el contenido del Preámbulo de 1946 a partir de la jurisprudencia del *Conseil constitutionnel*, encontramos una extensión, si no de la significación, al menos del campo de aplicación del principio. Así, el *Conseil constitutionnel* hablará de las "exigencias de solidaridad" que se derivan de los párrafos 10 y 11 del Preámbulo de 1946 (2007 553 DC, del 3 de marzo de 2007). En particular, los llamados "derechos de

iba a ser el principio sobre el que se establece la organización de la seguridad social (actualmente reconocido en el artículo L-111-1, del Código de la Seguridad Social), pero quedando siempre en manos de "la Nación" o "la colectividad", y no del Estado, lo que se expresaba por el papel de los "actores sociales" en su administración, e incluso en un modo de financiamiento, como el francés, que no recurría al impuesto, sino a las cotizaciones profesionales.

Cabe subrayar que la ampliación de su eco no obedece a simples razones jurídicas. Porque la solidaridad no solo se había transformado en el fundamento de los sistemas europeos de seguridad social; se estaba convirtiendo también en el horizonte del programa socialdemócrata tal como se presenta en los años de posguerra, una vez abandonadas las viejas banderas de emancipación social. El giro se torna más nítido en los años 1970, cuando se produce la crisis del sistema del *Welfare State*, con el fin del ciclo de crecimiento económico. El canciller alemán Willy Brandt promoverá la solidaridad como "el lazo

---

ayuda social" encuentran fundamento en dicha "exigencia de solidaridad nacional" (2003-487 DC del 18 de diciembre de 2003). Estos implican la realización de una "política de solidaridad nacional", por ejemplo, en favor de los trabajadores jubilados. Pero como cabe imaginar, el legislador tiene amplios poderes para elegir las modalidades concretas, lo que reduce notablemente el valor normativo de dicha "exigencia". El límite es bastante vasto: no privar de garantías legales a una exigencia constitucional (2003-483 DC, del 14 de agosto de 2003).

de unión entre la libertad y la justicia", y era en su nombre que se justificaba la salvaguarda de lo que llamará, con un eufemismo, "la sociedad industrial"[21]. El socialismo francés, en vísperas de ocupar el poder por primera vez en la Quinta República en ese contexto de crisis, hablará a principios de los años 1980 de "sociedad solidaria" como la quintaesencia de su programa de cambio. Se crea un "Ministerio de la Solidaridad", y una de sus grandes medidas serán entonces los llamados "contratos de solidaridad", como remedio a la desocupación de masas. Ya se ve aquí un cambio importante que no hará más que consolidarse, cuando el concepto de solidaridad es empleado para aligerar cargas fiscales a la empresa privada, como manera de fomentar el empleo[22]. La solidaridad podía entonces ocupar el lugar central en el discurso socialdemócrata, con la ventaja de poder representar, en su ambigüedad, un valor positivo, pero también defensivo. En cualquier caso, el problema pasaba a ser, no ya la transformación del orden social (a través de instituciones estatales), sino el tratamiento de la exclusión social.

En el renovado esfuerzo de teorización del concepto desde el derecho público, los pensadores de

---

21 W. Brandt, B. Kreisky y O. Palme *La social-démocratie et l'avenir*, Paris, Gallimard, 1976.

22 Ver, p. ej., M. David, *La solidarité comme contrat et comme éthique*, Paris, Berger-Levrault, 1982. Se debe recordar también, en referencia al contexto, el nombre que se dan los obreros polacos en su oposición al régimen autoritario de la época.

la primera mitad del siglo xx eran invocados de nuevo, lo que llevaba a reivindicar no solo el principio de solidaridad, sino también la teoría solidarista. Sus nuevos valedores no parecían ser del todo conscientes de que dicha concepción no era más que una de las variantes teóricas para fundamentar el intervencionismo social y el reconocimiento de los derechos sociales, en una dirección política precisa, de integración social. Como tampoco parecían serlo del hecho de que en su momento otras voces, como la de Jean Jaurès, habían señalado sus límites, ya que "el derecho a la vida implica no solo toda una evolución en materia de asistencia y seguro, sino toda una evolución de la propiedad"[23].

Tampoco esta modalidad de Estado social de posguerra era única, como lo mostraba la experiencia, corta y acaso desgraciada, del constitucionalismo social de entreguerras. Por entonces, el concepto de solidaridad no se encontraba en las constituciones sociales de entreguerras, como la mexicana de 1917 o la alemana de 1919, o aun la española de 1931. Todas preferían hacer referencia a la igualdad, en un sentido que la doctrina más avanzada de la época (como así también sus detractores) entendía como igualamiento. Hay una razón para ello: las normas y los principios de ese nuevo constitucionalismo

---

23 C. M. Herrera, "Jean Jaurès et le droit social" (2000), trad. esp. en Id., *Derecho y socialismo en el pensamiento jurídico*, Bogotá, Universidad Externado de Colombia, 2002, pp. 79-92.

presuponían una división y un conflicto de clases, que podía tal vez ser dominado, pero por un mecanismo social *futuro* que justamente se constitucionaliza bajo la forma de derechos o instituciones sociales, y, sobre todo, en una dirección precisa, superadora del orden capitalista existente.

La idea de solidaridad, al contrario, parecía vehiculizar por entonces cierta visión armonizable de lo social, favorable a la conciliación de la antinomia capital-trabajo bajo la égida del Estado intervencionista. Existe, por cierto, un conjunto de textos que proclamaban por entonces el principio de solidaridad, pero son las constituciones corporativistas. Por ejemplo, la Constitución portuguesa de 1933, que coloca la "solidaridad de intereses" entre los objetivos de las corporaciones (art. 15). No por casualidad, Getúlio Vargas, presidente provisorio de Brasil, afirma en el discurso inaugural de la Asamblea Constituyente de 1934 que consagraría la primera constitución social de ese país, que "el fundamento sociológico de la vida económica es hoy la solidaridad. El principio de libre concurrencia cedió su lugar al de cooperación. Las tendencias solidarias propiciarán la formación de agrupamientos colectivos, cada vez más fortalecidos, para la defensa de los intereses de grupo".

Si bien la adopción de un principio de solidaridad en las constituciones democráticas de posguerra como fundamento jurídico del *Welfare State* implicaba abrazar, ahora con base universal, esta lógica de integración social, la solidez de la construcción argumental resultará a la larga problemática, al menos de cara a la universalidad de los derechos sociales. Y estos límites aparecen justamente en los momentos de la crisis del modelo.

Como era de esperar, la doctrina jurídica, al menos aquella que pretendía sostener la universalidad de los derechos sociales, buscará en la categoría de "solidaridad" y sus proyecciones su principal fundamento. De hecho, y de manera general, el concepto de "solidaridad" se ubicaba en un prisma jurídico menos rígido que la igualdad, o al menos permitía interpretaciones más libres. Así, siempre en el marco nacional francés que nos ocupa aquí, la solidaridad será presentada como la expresión jurídica del valor de "fraternidad", proclamado en la divisa republicana, aunque su reconocimiento constitucional se fundamenta en la calificación de la República como "social" (art. 1.° de la Constitución de 1958), completando la operación de reducción de lo social a la solidaridad (y de esta a la visión solidarista).

Pero aun cuando se ha querido procurar a través de dicho principio un "horizonte de universalidad" a los derechos sociales, la solidaridad se ve transformada rápidamente en un concepto "metajurídico", que solo puede operar sobre la legitimidad de tales derechos, no sin antes haber reducido los derechos sociales a una modalidad de derechos de ayuda social. Por cierto, estos derechos se han extendido con la crisis del Estado social, y en ese proceso de generalización han sufrido también una importante transformación, tornándose más complejos. Por ejemplo, han incorporado cada vez más obligaciones, como contrapartida para sus beneficiarios, o se han extendido a los trabajadores pobres, y no ya únicamente a los indigentes. Pero si se subraya el sentido político de estos "nuevos" derechos sociales, no se hace lo mismo con los otros derechos humanos. De pronto, dichos "derechos" sociales no parecen ser derechos en sentido estricto, y su carácter universal termina por evaporarse definitivamente cuando se aborda la modalidad concreta de su eficacia: "su realización efectiva constituye una tarea imposible"; operarían más bien como guías "para iniciar políticas concretas de integración social"[24]. Se retoma así la afirmación de la existencia de un hecho objetivo (la interdependencia social), que hace nacer –sin que quede claro qué tipo de pasaje se construye– un principio, un deber e, incluso, una prescripción[25]. Si la solidaridad se transforma en un principio de base de la sociedad es porque forma parte consustancial de la idea de democracia, que no existiría sin la puesta en práctica de dicho principio.

Sin entrar en lo que puede haber de circular en este tipo de razonamiento (el principio de solidaridad forma parte de la democracia porque sin solidaridad no hay democracia), pareciera que el concepto de "solidaridad" muestra incluso sus limitaciones como fundamento de los sistemas de seguridad social.

---

24 M. Borgetto y R. Lafore, *La république sociale,* Paris, puf, 2000.

25 M. Borgetto y R. Lafore, *Droit de l'aide et de l'action sociales,* Paris, Montchrestien, 2009.

En todo caso, tras la crisis del *Welfare State* –aunque, como dijimos, quizás a estas alturas haya que hablar de un *Welfare State* de crisis– se torna recurrente, cada vez más, la visión de una "crisis de la solidaridad". Según el sociólogo francés Pierre Rosanvallon, el proyecto de posguerra sería responsable de haber erigido un Estado social sobre una organización de la solidaridad demasiado alejada de las relaciones sociales, convirtiéndola en una idea puramente abstracta, formal, mecánica. En efecto, la solidaridad había sido concebida en una lógica donde la enfermedad y la desocupación eran entendidas como accidentes, cuando en la actualidad esos riesgos se han transformado en situaciones estables. El remedio pasaría por recrearla a partir de redes más directas que los mecanismos que venía desarrollando el Estado hasta entonces. La solidaridad es definida así como una forma de compensación de diferencias, es decir, se funda no ya de manera general y *a priori*, sino en el tratamiento diferenciado de los individuos[26].

La perspectiva de una mutación de la idea de solidaridad, que se torna corriente durante los años 1990, iba de par con el veredicto de un aumento de la particularización, que se traducía como la nueva preeminencia del imperativo individualista de la

---

26 Ver P. ROSANVALLON, *La crise de l'État-providence* (1981), Paris, Seuil, 1992, y P. ROSANVALLON, *La nouvelle question sociale. Repenser l'État-providence*, Paris, Seuil, 1995. A decir verdad, la idea de compensación estaba ya en el centro de la concepción de Bourgeois, lo que relativiza su novedad.

igualdad sobre el colectivo. Pero pronto aparecerá como un nuevo síntoma de sus límites, en particular en las transformaciones en los derechos de prestación que conllevará, al menos en Francia y en otros países con un sistema desarrollado de protección social. Esta individualización de la solidaridad, cimentada en la incorporación de elementos "contractuales", o de contrapartidas, sirve en efecto para rediseñar las políticas sociales y los derechos, limando el componente incondicional de las garantías de los derechos.

En verdad, ambas dimensiones de revalorización (jurídica) y crisis (sociológica) aparecen como una consecuencia de las evoluciones del *Welfare State*. Tanto en un caso como en el otro, lo que vemos a las claras es que el concepto de solidaridad no ha cumplido sus promesas como vector de construcción de una nueva sociedad. La cuestión social, conviene no olvidarlo, era originariamente un problema de transformación de la sociedad, no un problema de inclusión social.

*

Si el análisis que antecede no es demasiado inexacto, pareciera que la idea de solidaridad en el derecho ha permitido, ante todo, una operación política de tipo definido, al menos en esta visión solidarista que tanto éxito ha tenido en el pensamiento jurídico francés: al tratar las injusticias como una deuda social, se puede concebir una reparación (un pago de la deuda), sin que sea necesario percibirlas como producto de

las relaciones sociales, y, en la medida en que ellas
expresen estructuras de dominación, llamar a una
transformación radical de la sociedad[27]. Bourgeois,
de hecho, no ocultaba esa perspectiva, y sostenía
que la afirmación de un deber social, de todos para
con todos, alejaría a los trabajadores de la "hipótesis colectivista", de la revuelta, de la quimera. Y en
un plano más general, Alfred Fouillée consideraba
que la solidaridad era un aspecto de las relaciones
sociales más importante que la lucha de clases, incluso en la esfera de la producción económica, ya
que todos los antagonismos son precedidos por los
lazos de solidaridad[28]. De allí la idea, que se desarrollaba por entonces, de la pobreza como "accidente",
y la necesidad consiguiente de socializar el riesgo,
distribuyéndolo entre todos, operación que según
algunos autores daría nacimiento al Estado social
francés. Según este análisis, la nueva política social
que resultará tiene una lógica de interdependencia,
de solidaridad, que dejaba atrás la vieja idea de
fraternidad[29].

---

27 Ver J. DONZELOT, *L'invention du social*, Paris, Seuil, 1985. Para
   Donzelot, la solidaridad es un principio de gobierno que permite alejar las inquietudes que produce en las clases privilegia-
   das, la República y la extensión de los poderes democráticos,
   en la medida que da al Estado las llaves del progreso social.

28 A. FOUILLÉE, *Le socialisme et la sociologie réformiste* (1909), Paris,
   Alcan, 1930.

29 F. EWALD, *L'État-providence*, Paris, Grasset, 1986. Los seguros
   aparecen como una tecnología del riesgo, tecnología política

La perspectiva histórico-conceptual permite revelar ciertas ambigüedades del concepto de solidaridad en el marco político-constitucional, pero estos van más allá de su uso. De hecho, la solidaridad no ha perdido hoy su lugar central como argumento en materia social, aunque solo fuera como fundamento de los derechos de asistencia y ayuda social, que, como dijimos, se transforman para ciertos enfoques en el modelo dominante de los derechos sociales[30]. Las dificultades parecieran ser más bien de orden interno, en la medida que tocan a la estructura del argumento en clave político-constitucional, al menos de cara a una perspectiva de cambio social.

Por un lado, la idea de solidaridad, aun cuando se utilice para legitimar una construcción política, pareciera demandar siempre un cierto nivel de naturalización, como si fuera necesario, para cumplir

---

que solidariza intereses. En particular, la noción de riesgo profesional anunciaría ya la idea de seguridad social. Algunos autores cuestionarían más recientemente la idea de una "sociedad aseguradora", donde todos los miembros estuviesen cubiertos, mostrando que en realidad el seguro tuvo más bien un rol análogo a la asistencia, donde solo estaban resguardados los más débiles, los que debían ser asistidos (ver R. CASTEL, *Les métamorphoses de la question sociale*, Paris, Fayard, 1995).

30 Autores como Pierre Rosanvallon hacían el elogio de ese tipo de derechos, que reemplazaban una universalidad abstracta de medios, en nombre de la equidad, a través de la idea de un contrato de inserción. Sería la forma de un nuevo tipo de derecho social procedimental. Pero la idea estaba construida sobre una profunda confusión respecto de la historia de los derechos sociales y del Estado social.

con dicha función, ponerla por fuera de lo político, de sus dimensiones de artificio, de decisión. Esta "naturalización" de la solidaridad no impide que se la conciba bajo la forma de un deber[31], pero termina tarde o temprano limitando las perspectivas de transformación. En efecto, así concebida, la idea de solidaridad supone partir de un estado de similitud, de identidad que no se da en la configuración del aparato estatal moderno, ni siquiera en sus traducciones republicanas. Aplicada a las políticas sociales, y aun cuando se la reformule en una gramática de reconocimiento de "derechos", supone siempre la decisión o la voluntad de una esfera, que desciende hacia otra, ubicada por debajo, hacia esa parte de la población con la cual el Estado (o la "nación" o la "sociedad") debe mostrarse solidario[32].

---

31 Ciertamente, la interdependencia social es un hecho, pero al ser entendida como "solidaridad", se busca darle el estatuto de valor o deber ("deber natural", como se puede leer en algunos representantes del pensamiento francés). Solo traducida en términos de solidaridad, la interdependencia pretende fundar un sistema democrático o social determinado.

32 Posiblemente, o al menos así fue concebida en ciertas corrientes socialistas radicales, la cuestión difiere cuando nos encontramos ante situaciones de solidaridad en el marco de la auto-organización, o dentro de un grupo social homogéneo (una clase social). Pero se trataría de solidaridades específicas, reducidas con respecto al uso que se le pretendía dar en la teoría solidarista, antes, y en materia constitucional en los Estados contemporáneos, después.

En ese sentido, y contrariamente a lo que ha sostenido al menos la doctrina francesa hoy dominante, es
probable que subsista una cesura entre las nociones
de "fraternidad" y "solidaridad", en la medida que
la primera conserva en su núcleo la idea de igualdad,
lo que facilita su carácter universalizable, mientras
que la segunda, al menos en el marco del derecho
público (donde la equivalencia se ha afirmado), conserva ese particularismo de dos grupos sociales, en
donde uno se vuelve hacia el otro, excluido, al que
se busca insertar en un conjunto dado. No por nada,
Léon Bourgeois promovía la sustitución de la idea
de fraternidad por la de solidaridad. Por eso también la idea de solidaridad ha podido ser funcional,
en materia político-constitucional, a una lógica de
integración social[33].

---

33 C. M. Herrera, "Estado, constitución y derechos sociales",
   Revista Derecho del Estado, n.° 15, 2003, pp. 75-92, retomado en
   Id., *Los derechos sociales, entre Estado y doctrina jurídica*, Bogotá,
   Universidad Externado de Colombia, 2009.

CAPÍTULO SEXTO
EL CONSTITUCIONALISMO SOCIAL
LATINOAMERICANO (1917-1950)

El siglo XX verá el nacimiento del llamado "constitucionalismo social", nombre con que se conoce el proceso de incorporación de normas de contenido social y económico en una constitución. Dicho movimiento marcaba una ruptura con el constitucionalismo decimonónico pero también con el tratamiento que la política social había conocido hasta entonces. En ambas direcciones, esta constitucionalización dotaba a las intervenciones estatales en el campo social y económico de una dimensión jurídica, y por ende política, novedosa, de carácter normativo. Tras las tentativas frustradas del siglo XIX, en particular en torno la Constitución de la Segunda República francesa de 1848, el movimiento se despliega en toda su especificidad hacia fines de la década de 1910, conociendo un desarrollo emblemático durante la primera posguerra mundial[1].

---

1   C. M. Herrera, "El pensamiento social del constitucionalismo"

En verdad, dicha constitucionalización se expresó en un conjunto relativamente variado de modalidades jurídicas, que iban desde el enunciado de derechos de los trabajadores, convertidos más tarde en derechos *sociales*, hasta la afirmación de la función social de la propiedad privada, pasando por el reconocimiento de una serie de mecanismos sociales para la determinación de ciertas orientaciones económicas, como los llamados consejos económicos. Todas estas formas suponían la admisión de un principio de legitimación nuevo, para habilitar la intervención del Estado en esferas que hasta entonces le habían sido vedadas, como la producción económica, la organización de la empresa privada o simplemente el mercado de bienes y servicios, basado generalmente en fundamentos jurídicos también inéditos (igualdad material, existencia humana digna, bienestar, etc.).

Bajo sus distintos modos, el movimiento de constitucionalización dejaba ver la tensión, y a menudo el conflicto, entre dos polos, que concernían a la finalidad que los actores daban al proceso: el primero de ellos puede ser calificado de emancipación, el otro de integración, condicionando respectivamente la anatomía jurídica del texto, su interpretación y su funcionamiento[2]. Para expresarlo de manera

---

(2008), trad. esp. en Id., *Los derechos sociales, entre Estado y doctrina jurídica*, cit.

2   Ver Herrera, "Estado, constitución y derechos sociales", cit., retomado en Id., *Los derechos sociales, entre Estado y doctrina jurídica*, cit.

esquemática, si en el primer caso se consideraba la constitucionalización social como un programa integral y a la vez un instrumento de cambio social, en el otro se la concebía como la adopción de un conjunto de principios que inspiraran una política de inclusión hacia los sectores desfavorecidos de la sociedad. De hecho, el primer modelo del Estado social, tal como se organiza en la Alemania del canciller Otto von Bismarck, nacía como respuesta a un conjunto de demandas surgidas al calor del movimiento socialista del siglo XIX.

Pero contrariamente a lo que sucede en Europa, el nacimiento de un constitucionalismo social latinoamericano se confunde en cierto modo con el surgimiento del intervencionismo estatal. La Constitución mexicana adoptada a principios de 1917 da inicio a ese constitucionalismo de nuevo tipo, momento fundante del que no dejarían de ser conscientes los propios actores del proceso.

> Así como Francia, después de su revolución, ha tenido el alto honor de consagrar en la primera de sus cartas magnas los inmortales derechos del hombre –exclamaba un diputado constituyente de signo moderado, Alfonso Cravioto–, así la Revolución Mexicana tendrá el orgullo legítimo de mostrar al mundo que es la primera en consignar en una Constitución los sagrados derechos de los obreros[3].

---

3 *Diario de los debates del Congreso Constituyente*, México D. F.,

En realidad, la Constitución de Querétaro hacía algo más que proclamar los derechos de los trabajadores en su célebre artículo 123: daba nacimiento, de manera incipiente, a lo que hemos llamado en otros trabajos el dispositivo originario del constitucionalismo social, que encontraremos en las constituciones europeas a partir de 1919. Dicho dispositivo jurídico-político funcionaba en torno a una tríada normativa, cuyos vértices correlacionados estaban compuestos respectivamente por la proclamación de un principio material de justicia o igualdad, por el reconocimiento de un conjunto de derechos sociales (de los trabajadores ante todo) y por la afirmación del carácter relativo ("social") del derecho de propiedad privada, que permitía la intervención estatal en materia económica, a través de un conjunto de institutos específicos como la nacionalización, la reforma agraria, la planificación e incluso, en algunas constituciones, como la Constitución alemana de 1919, la socialización.

Con todo, no será esta la única originalidad surgida en los desarrollos constitucionales latinoamericanos en materia social. Dos décadas más tarde, cuando se asistía al ocaso del constitucionalismo social europeo, las constituciones de la América Latina iban a impulsar un peculiar giro del modelo integrador, incluyendo, entre otros aspectos, una

---

H. Cámara de Diputados del Congreso de la Nación,1922, t. I, p. 718.

original recepción del corporativismo–, y que produciría en los distintos países donde se da la experiencia efectos radicalmente diferentes que los acontecidos en el Viejo Continente.

Las páginas que siguen buscan reconstruir sintéticamente estos variados procesos de constitucionalización de lo social en América Latina en la primera mitad del siglo XX. Se distinguirán así tres grandes momentos, que constituyen otras tantas modalidades de su recepción a partir de la Constitución mexicana de 1917.

*

La Revolución Mexicana, iniciada en 1910 en nombre de los principios políticos del liberalismo, había adquirido rápidamente un contenido social, como lo muestra la lectura de los diferentes "Planes" que se suceden desde 1911, y sobre todo a partir de 1913[4]. No sorprende, pues, que la cuestión se encuentre ya claramente planteada por quien se estaba

---

4   Así, el reconocimiento constitucional de 1917 fue precedido, durante las operaciones militares, por una importante legislación en los diferentes estados, por vía de leyes y decretos que instauraron la jornada legal de trabajo, el salario mínimo, el descanso semanal obligatorio, la protección de los mineros, etc. Ver *Fuentes para la historia de la Revolución Mexicana. I. Planes políticos y otros documentos* (1954), México D. F., Fondo de Cultura Económica, 1974.

convirtiendo en el jefe nacional, Venustiano Carranza,
en una alocución de setiembre de 1913:

> La lucha social, la lucha de clases, queramos o no
> queramos nosotros mismos, y opónganse las fuerzas
> que se opongan, las nuevas ideas sociales tendrán que
> imponerse en nuestras masas: y no es solo repartir
> las tierras y las riquezas nacionales, no el sufragio
> efectivo, no es abrir más escuelas, no es igualar y
> repartir las riquezas nacionales; es algo más grande
> y más sagrado: es establecer la justicia, es buscar la
> igualdad, es la desaparición de los poderosos, para
> establecer el equilibrio de la conciencia nacional[5].

Aunque los efectos retóricos de este discurso se
decantarán en una visión de armonización social,
esta idea de justicia entronca, no sin problemas y
tensiones, con un proyecto de cambio social. Carranza, como jefe provisorio del Ejecutivo mexicano, será el promotor de una importante legislación
en materia de protección del trabajo, pero también
de una acción represiva frente a las huelgas que
quisieran instaurar la "tiranía de los trabajadores"
o que atacaran la paz pública. No se trataba de una
dimensión casual: como se sabe, Carranza había
enviado incluso a su principal jurista de confianza,
José Natividad Macías, a estudiar la legislación y

---

5   Cit. por J. Sayeg Helú, *La Revolución mexicana a través de sus
    documentos fundamentales*, México D. F., Instituto Politécnico
    Nacional, 1996, p. 203.

las relaciones laborales a Estados Unidos, así como la normativa inglesa y belga, que eran consideradas entre las más avanzadas de la época, y que habían concluido en un proyecto de Código de Trabajo en 1915. Sin embargo, en el Proyecto de Constitución que envía a la Asamblea Constituyente reunida en Querétaro en diciembre de 1916, la protección del trabajo no recibía un tratamiento específico, por ser considerada materia reglamentaria o, en el mejor de los casos, legal. Son los constituyentes radicales, que se referenciaban en torno a la figura del general Álvaro Obregón, quienes presionarán para incluirla, obteniendo incluso, luego de varias negociaciones, el apoyo de los diputados cercanos a Carranza, por lo cual los artículos serán aprobados finalmente por unanimidad. Este consenso final, obtenido gracias a sendas comisiones presididas por el ingeniero Pastor Rouaix, no reflejaba, empero, la vivacidad de los debates públicos, donde aparecía la ruptura con el modelo de la caridad social.

En efecto, los constituyentes radicales asumían que la inclusión de tales normas excedía los moldes tradicionales que la ciencia del derecho preveía por entonces para una constitución. "No nos espantemos [de] que debido a errores de forma aparezca la Constitución un poco mala en la forma, no nos asustemos de esas trivialidades, vamos al fondo de la cuestión; introduzcamos todas las reformas que sean necesarias al trabajo", afirmaba en la Asamblea Froylán Manjarrez al reclamar la adopción de un título entero dedicado al trabajo. "¿Quién ha hecho la pauta de las Constituciones?", se preguntaba retóricamente el general Jara, antes de responder:

> Eso ha quedado reservado al criterio de los pueblos, eso ha obedecido a las necesidades de los mismos pueblos; la formación de las Constituciones no ha sido otra cosa sino el resultado de la experiencia, el resultado de los deseos, el resultado de los anhelos del pueblo, condensados en eso que se ha dado en llamar Constitución[6].

De hecho, la imagen de un Cristo "con pistolas" que usaban los constituyentes conservadores, para demostrar la violencia a la técnica constitucional que implicaba la inclusión de las normas de protección del trabajo entre los derechos garantizados, daba cuenta también de las consecuencias normativas que implicaba el nuevo modelo. En efecto, la trascendencia de la Constitución mexicana de 1917 supera el marco ideológico e incluso jurídico, relativamente estrecho, que la sostiene entonces, para dar vida al mecanismo normativo propio del constitucionalismo social de la primera mitad del siglo XX, al que aludimos más arriba. En su caso, se concentra en tres artículos: el 5, el 27 y el 123 (con sus 30 incisos originales).

El primero de ellos había dado origen a la inclusión de la cuestión social en la Constitución, al proponerse, durante los debates que siguen a su

---

6 *Diario de los debates*, cit., p. 792.

primera presentación, una redacción que incluyera preceptos de limitación a la jornada laboral, el descanso semanal obligatorio y la reglamentación del trabajo de mujeres y niños. En su versión definitiva, el artículo 5, incorporado en la parte dogmática de las garantías individuales, extiende la protección del Estado a las relaciones laborales, reenviando a los dos primeros apartados del artículo 123 que limitaban la jornada legal de trabajo, y ofrece *in fine* un conjunto de garantías al trabajador en el marco del contrato laboral. No obstante su forma profusa, que conservaba de hecho muchos párrafos del artículo 5 de la Constitución de 1857, será presentado por los constituyentes "jacobinos" como el reconocimiento de un "derecho a la vida completa".

El artículo 27, en cambio, enunciaba claramente el derecho de imponer limitaciones a la propiedad privada en nombre del interés público, en particular para hacer "una distribución equitativa de la riqueza pública", que incluía a las tierras y aguas, que pertenecían, como el subsuelo, originariamente a la Nación, que transmite su dominio a los particulares. Tras lo cual el artículo consagraba sobre todo los principios de expropiación y de reforma agraria.

El artículo 123 condensaba los derechos relativos al trabajo y a su protección, estableciendo con carácter constitucional la jornada legal de trabajo de ocho horas (incs. I a III), el derecho al descanso semanal (IV), el salario mínimo (VI ss.), el derecho de asociación (XVI), el derecho de huelga (XVII), la participación de los trabajadores en las utilidades de la empresa (VI y

IX), la protección de la trabajadora embarazada y de la joven madre (V), la responsabilidad patronal en los accidentes de trabajo (XIV), el establecimiento de juntas de conciliación y arbitraje tripartito (trabajadores, empresas, gobierno) para regular los conflictos entre el capital y el trabajo (XX), la indemnización en caso de despido (XXII) y, en un marco más general, la instauración de un patrimonio de familia inembargable (XXVIII) y el reconocimiento de la utilidad social de las cooperativas de vivienda (XXX), entre otras disposiciones.

Si bien se rechaza incluir la protección del trabajo en la parte dogmática de la Constitución, como lo exigen en un primer momento los diputados radicales, alegando que se trataría de derechos que no conciernen a toda la Nación, uno de los principales actores de la constituyente, el ya recordado general Jara, presenta estos artículos como la vía para "sacar al trabajador del medio en que vive [para] ponerlo como hombre ante la sociedad"[7]. La tensión entre emancipación e integración, ese "mejoramiento de las clases sociales" del que hablan aún los diputados radicales, se inscribe aquí en el corazón mismo del dispositivo constitucional, que expresa tanto la afirmación de la existencia de intereses opuestos como la esperanza de su armonización. Pese al

---

7   Diario de sesiones, cit. Sobre esta figura, ver S. GONZÁLEZ MARÍN, *Heriberto Jara, luchador obrero de la Revolución Mexicana*, México D. F., El Día, 1984.

reconocimiento, por primera vez con rango constitucional, dado al derecho de huelga, al contrato de
trabajo o aun a la participación de los obreros en
los beneficios de las empresas, el ejercicio de estos
derechos sociales está al mismo tiempo circunscrito
–así, la huelga es lícita si ella "armoniza los derechos
del trabajo con el capital". Una idea que, de hecho,
estaba presente en el proyecto de redacción definitiva del artículo 123, que definía el objetivo de tal
legislación como fijar

> [l]os derechos que les corresponden [a los trabajado-
> res] en sus relaciones contractuales con el capital, a fin
> de armonizar, en cuanto es posible, los encontrados
> intereses de éste y del trabajo, por la arbitraria distri-
> bución de los beneficios obtenidos en la producción,
> dada la desventajosa situación en que han estado
> colocados los trabajadores manuales...[8].

El propio general Obregón, referente, como acabamos de ver, de los constituyentes "jacobinos" en la
Asamblea de Querétaro, consideraba que la legislación social, e incluso el socialismo, tenían "como

---

8   P. ROUAIX, *Génesis de los artículos 27 y 123 de la Constitución Po-
    lítica de 1917*, Puebla, Gobierno del Estado de Puebla, 1945, p.
    92. Se ha señalado a menudo la influencia de la doctrina social
    de la Iglesia en el artículo 123, a través de los trabajos de la
    Confederación del Círculos de Obreros Católicos reunidos en
    Zamora en 1913. Ver B. ULLOA, *La Constitución de 1917*, México
    D. F., El Colegio de México, 1983, pp. 337-338.

mira principal tender la mano a los de abajo para buscar un mayor equilibrio entre capital y trabajo"[9].

Pero el constitucionalismo social originario termina instalándose en una lógica de emancipación social aunque más no sea por una razón precisa: las concepciones jurídico-políticas de tipo integracionista continuaban rechazando la introducción de la cuestión social en el ámbito constitucional. Solo podía existir una legislación social que encontraba su eficacia ante todo en la esfera administrativa o reglamentaria. Todavía en 1931, en los debates de las Cortes Constituyentes españolas que darán nacimiento a la última constitución social europea de entreguerras, se asiste a esta confrontación, y los argumentos sobre la forma constitucional como límite a la adopción de normas de carácter social y económico reaparecen en la superficie.

El elemento novedoso del constitucionalismo social, que condensa también la visión emancipadora, puede resumirse así: no hay derechos sociales sin una limitación correlativa del derecho de propiedad privada. En otras palabras, la constitución aparece como un proyecto, o al menos la promesa de realización de un orden social diferente. El modelo se encarnará en la Constitución alemana de 1919[10].

---

9 Citado por A. CÓRDOVA, "México. Revolución burguesa y política de masas", en *Interpretaciones de la Revolución Mexicana* (1979), México D. F., Nueva Imagen, 1994, p. 79 (nota).

10 Para este proceso, ver C. M. HERRERA, "La social-démocratie et la notion d'État de droit à Weimar" (2001), trad. esp. en Id.,

En su especificidad histórica, se distinguía del proyecto constitucional del bolchevismo, donde si bien existía un programa de emancipación social, la idea de constitucionalismo social, en lo que conlleva de transición, desaparece. En efecto, en la Rusia soviética hallamos un diseño de transformación social sin derechos sociales, es decir sin un proceso que permitiese articular un primer momento constitucional, de Estado de derecho, que, sin desaparecer, desplegase sus garantías también en la esfera social y económica (lo que los constitucionalistas socialistas alemanes llamaban el Estado social de derecho). Habida cuentas de las circunstancias históricas, se trataba más bien de una forma estatal de excepción –la dictadura– que conocerá luego una estabilización con la Constitución soviética de 1936, la cual, pese a revelarse rápidamente como una fachada, será tomada muy en serio en su momento por los círculos constitucionalista de izquierda en los años 1940.

En el período europeo de entreguerras, el modelo alternativo al constitucionalismo social termina encarnándose en el corporativismo, transformado en una concepción integral (y autoritaria) del Estado. Algunos de sus componentes, sobre todo en lo atinente a la representación de las fuerzas sociales, se

---

Derecho y socialismo en el pensamiento jurídico, Bogotá, Universidad Externado de Colombia, 2002, y C. M. HERRERA, "Comment le social vient au constitutionnalisme – entre droits et État", en HERRERA (ed.), *La Constitution de Weimar et la pensée juridique française*, cit., pp. 29-52.

venían haciendo presentes, en diferentes dosis, en los programas de ciertas fuerzas liberales y social-cristianas, y la existencia de consejos económicos, como ya se hallaban en la Constitución alemana de 1919 junto a los consejos de fábrica, se había multiplicado en otras experiencias republicanas, como Francia, aunque con bases infra-constitucionales e incluso infra-legales.

*

Ya desde inicios de los años 1920, otros países de América Latina habían incorporado enunciados sociales en sus constituciones, aunque sin adoptar el dispositivo del constitucionalismo social como tal, en particular en lo que atañe a la propiedad privada y, en menor medida, a la intervención económica del Estado por medio de instituciones específicas. Las sociedades latinoamericanas acusaban el impacto de la cuestión social, que tenía desde la Revolución Rusa de 1917 incluso su propio modelo institucional. Al mismo tiempo, la preocupación social se extendía a otros sectores diferentes de los trabajadores.

La Constitución peruana de 1920 presentaba un conjunto importante de garantías sociales, en un capítulo específico que, con ese título, enunciaba un número de disposiciones que deberían ser sancionadas posteriormente por la legislación, que incluían la organización y la seguridad del trabajo industrial, en particular en lo que atañe a la vida, a la salud y a la higiene (art. 47). La ley debía fijar también el salario mínimo y las condiciones de trabajo, así como materializar el principio de la obligatoriedad de las indemnizaciones por accidentes de trabajo en las industrias. La Constitución determinaba también que los conflictos entre el capital y el trabajo debían ser sometidos al arbitraje obligatorio (art. 48). Por otro lado, el Estado debía promover los servicios sanitarios y la asistencia pública, especialmente la protección y auxilio de la infancia y de los necesitados (art. 55), como así también las instituciones de previsión y solidaridad sociales, y en otro plano, las cooperativas de producción y consumo destinadas al mejoramiento de las clases populares (art. 56). El texto reconocía la propiedad estatal de las minas y prohibía los monopolios y acaparamientos industriales y comerciales (art. 50), dejando la puerta abierta a la nacionalización de los transportes y el servicio público, o al menos la posibilidad de un control de precios para artículos de subsistencia en situaciones excepcionales. En cambio, el régimen de la propiedad no contaba con normas tan radicales como las previstas en la Constitución mexicana de 1917, aunque el artículo 38 de la Constitución peruana preveía el sometimiento de la propiedad a las leyes de la República (también se limitaba la propiedad de tierras, aguas y minas que se encontrasen hasta 50 km de la frontera al dominio de los extranjeros). La nueva constitución se inscribía en la experiencia de la *Patria nueva*, iniciada con la llegada al poder de Augusto Leguía en 1919 en nombre de la "democracia efectiva", un proceso que se asocia con la modernización de Perú y el ascenso de las clases medias[11]. El presidente Leguía se erigía, además, en protector de las comunidades indígenas –cuyos derechos eran por primera vez recogidos en el texto constitucional (arts. 41 y 58 en particular)–, como también se declaraba a favor de "la intervención del Estado para proteger a los más débiles". Como lo afirmaba en un discurso de 1924, "el Estado es, hoy por hoy, el agente más eficaz para realizar la obra hermosa de la solidaridad humana"[12]. Si la eficacia de su profusa legislación había de ser limitada, salvo en materia de protección de la infancia y de la mujer, y siempre de marcado corte asistencialista[13], el Oncenio de Leguía inauguraba una modalidad latinoamericana que asocia el autoritarismo con formas de protección social en el marco de un proyecto de modernización, fundado en la idea de que, como afirmaba el mandatario peruano, "no hay orden público ni armonía social posibles cuando el proletariado vive bajo el peso del

---

11 Dato significativo: la Constitución de 1920 limitaba el derecho al sufragio a los ciudadanos que supieran leer y escribir (art. 68).

12 Citado en C. Ramos Núñez, *Ley y justicia en el Oncenio de Leguía*, Lima, Fondo Editorial PUCP, 2015, p. 70.

13 Una legislación social importante había sido aprobada ya previamente, en particular a partir de 1911. Ver Ramos Núñez, *Ley y justicia en el Oncenio de Leguía*, cit., pp. 90-105. Se debe señalar, siguiendo a este autor, entre otros hitos institucionales importantes, la creación de la Sección de Trabajo y Previsión Social en el seno del Ministerio de Fomento y de los juzgados de trabajo de Lima y El Callao, tras el fracaso del arbitraje.

hambre y de la miseria"[14]. Dichas modalidades de intervención suponían una interdependencia inevitable entre capitalistas y empleados, pero también claros fines de control social.

Menos avanzado, aunque quizás más trascendente en términos de efectividad, se mostraba el caso chileno, con la Constitución de 1925, que recogía un conjunto de normas de contenido social, en una clara lógica de integración. Los preceptos se encontraban enunciados sobre todo en el apartado 14.° del artículo 10, que establecía un principio general de protección al trabajo y sobre todo de previsión social, en sentido amplio, haciendo referencia a la habitación sana y a las condiciones económicas de vida, a fin de asegurar "un mínimo de bienestar", tópicos que debían ser regulados posteriormente por ley. De manera algo tímida también, se había encuadrado la propiedad privada en el apartado 10.° del mismo artículo, que insistía ante todo en la inviolabilidad, antes de proclamar la posibilidad de imponerle limitaciones, o simplemente reglas, por causa de los intereses generales del Estado o de la salud de los ciudadanos y la salubridad pública. Conviene subrayar, con todo, que no se reconocían tampoco formas de socialización o de reforma agraria.

---

14 Discurso del 19 de febrero de 1919 (cit. en RAMOS NÚÑEZ, *Ley y justicia en el Oncenio de Leguía*, cit., p. 93). Entre ese tipo de leyes se pude citar la ley de conscripción vial (1920) o la ley de la vagancia (1924).

Hacia los años 1930, empero, asistimos a una ampliación del proceso, que comienza a adquirir asimismo formas más sistemáticas. Incluso, muchos de los nuevos textos constitucionales emergen de procesos de ruptura, calificados por sus actores de "revolucionarios".

Un precedente importante nace con la Constitución ecuatoriana de 1929. Si las limitaciones de la propiedad son vagas –el derecho de propiedad es garantizado "con las restricciones que exijan las necesidades y el progreso sociales", que parecen situarse entre "los intereses generales del Estado, [d]el desenvolvimiento económico nacional y [d]el bienestar y la salubridad públicos" (art. 151.14)–, se afirma un principio general de protección del obrero y del campesino por el Estado, que debe legislar para que "los principios de justicia se realicen en el orden de la vida económica, asegurado a todos un mínimum de bienestar, compatible con la dignidad humana" (art. 151.18). Será materia de ley la fijación de la jornada máxima de trabajo, los salarios mínimos, en relación "con el coste de las subsistencias y con las condiciones y necesidades de las diversas regiones del país", así como el descanso semanal obligatorio, los seguros sociales, las condiciones de salubridad y seguridad que deben reunir los establecimientos industriales, el trabajo de las mujeres y de los niños, consagrando la obligatoriedad de la indemnización de los accidentes del trabajo. También establece que el salario mínimo "quedará exceptuado de embargo, compensación o descuento". El texto prevé que el

Estado debe procurar el "mejoramiento y beneficio" de "la asistencia, higiene y salubridad públicas,
especialmente en lo que respecta a los trabajadores
obreros y campesinos", por la construcción de casas
baratas, ya sea "directamente o por medio de empresas". Asimismo, debe atender "al saneamiento de
las poblaciones y a proporcionarles agua potable".
Referido a los trabajadores, la Constitución de 1929
dispone que "tanto los obreros como los patronos o
empresarios tendrán derecho para asociarse en pro
de sus respectivos intereses, formando sindicatos o
asociaciones profesionales". Al mismo tiempo, "para
la solución de los conflictos del capital y el trabajo, se
constituirán tribunales de conciliación y arbitraje". Se
establece también que la ley "reglamentará todo lo
relativo a coaliciones, huelgas y paros". La Constitución ecuatoriana había recogido ya algunos elementos
corporativos de representación, con la elección de 15
senadores "de representación funcional", entre los
que se incluyen 2 del "obrerismo" y 2 de los campesinos (art. 33.3). La práctica político-constitucional
que desarrollará el presidente José Velazco Ibarra en
los años 1930, con un programa de incorporación de
los trabajadores a la vida económica y política del
país sobre bases conservadoras, se acerca todavía
más de los nuevos horizontes, que se ampliarán en
su segundo mandato iniciado en 1944.

Una constitucionalización social extensa aparece
asimismo en la Constitución uruguaya de 1934, elaborada –tras el auto golpe de Estado promovido por el
presidente Gabriel Terra–, sobre la base de un acuerdo

entre un sector colorado y las llamadas corrientes herreristas del Partido Nacional[15]. Unos años antes, Terra había expresado el fondo de su pensamiento: "Nosotros vamos a las reformas sociales por el convencimiento y la persuasión de la solidaridad que existe entre las clases que forman la población del país, y si no ambicionamos la igualdad económica absoluta, es porque sabemos que sería contraria a la naturaleza humana"[16].

_____

15 Sin duda, el proceso uruguayo se da en un marco más complejo. Los gobiernos de José Battle y Ordóñez habían promovido un importante –e inédito, en el marco de los Estados latinoamericanos de entonces– proceso de reformas económicas y sociales por vía legislativa. Entre las primeras, cabía señalar la estatización del Banco de la República (1911), el monopolio de los seguros (1911), la nacionalización del Banco Hipotecario (1912) o la monopolización de la energía eléctrica. Entre las segundas encontramos, entre otras, la ley de indemnizaciones por despido (1914), la ley que establece la jornada legal de 8 horas (1915), la ley de pensiones a la vejez y leyes jubilatorias para empleados públicos y de industria y comercio (1919), las leyes de accidentes de trabajo (1919 y 1920), la ley de descanso dominical obligatorio (1920) entre otras, y, posteriormente, las normas estableciendo el salario mínimo para los trabajadores del campo (1923). La coherencia de este diseño social-reformista explica que el reconocimiento constitucional no aparezca como una preocupación central. De hecho, la reforma constitucional de 1918, que entra en vigor un año más tarde, no recoge entonces normas sociales.

16 G. TERRA, "Prólogo" a J. RODRÍGUEZ LÓPEZ, _Socialismo en el Uruguay. La gestión económica del Estado_, Montevideo, Palacio del libro, 1928, pp. 18-19.

El objetivo, prístino, era "hacer el mayor número posible de burgueses y de propietarios como componentes de la sociedad en que vivimos". Como era de esperar, tampoco la propiedad privada era definida socialmente en el nuevo texto constitucional: si el interés general podía conducir a regulaciones legales, la expropiación por causa de utilidad pública se encontraba bien encuadrada (art. 31). Pero se preveía una ampliación de las funciones del Estado, que debía legislar en materia de protección de la salud (aunque la asistencia gratuita se reservaba a los indigentes), favoreciendo asimismo el alojamiento higiénico y la construcción de viviendas (arts. 43 y 44). Algo más detallada era la protección acordada en materia de trabajo, declarado "bajo protección especial de la ley" (art. 52), reconociéndose a obreros y empleados "la justa remuneración; la limitación de la jornada; el descanso semanal y la higiene física y moral", e incluso "la distribución imparcial y equitativa del trabajo" (art. 54). En particular se constitucionalizaba el derecho de huelga como derecho gremial –aunque la ley reglamentaría su "efectividad"– y la promoción de la organización sindical, así como los tribunales de conciliación y arbitraje (art. 56). Además, se establecía que las jubilaciones y seguros sociales debían ser organizados por la ley en los términos previstos por la Constitución (art. 58). Por otra parte, el Estado debía ejercer el control de las empresas comerciales o industriales "trustificadas" (art. 49), sin definir mejor sus modalidades. El sistema dejaba abierta la posibilidad de crear por ley un Consejo de la Economía

Nacional, de carácter consultivo, formado por los representantes de los intereses económicos y profesionales, aunque sin detallar sus funciones (art. 207), que no será materializado en aquellos años. Terra proclamaba la solidaridad como el gran ideal de la época, y consideraba que debía ser defendida con realizaciones positivas[17]. En momentos de la visita del presidente Roosevelt a Uruguay, en diciembre de 1936, Terra parangonará su obra con el *New Deal*, hablando incluso de una "tendencia redentora". En todo caso, aseguraba: "Hemos abandonado ante la gravedad de los problemas sociales modernos [...] la cómoda actitud de los estadistas de la vieja escuela [...], perseguimos el dolor y la miseria donde se encuentren y buscamos afanosos el remedio sin abandonar nuestras tradiciones republicanas y democráticas"[18].

Para entonces, un proceso de importantes reformas era impulsado en Colombia con la llegada al poder del líder liberal Alfonso López Pumarejo. Es en 1936 que el programa de la llamada *Revolución en marcha* alcanza traducción constitucional. Aquí la propiedad era claramente definida como "una función social, que implica obligaciones", previendo la expropiación (art. 10). Al mismo tiempo, y es allí donde reside su aporte principal, el nuevo texto constitucional

---

17 G. Terra, *La Revolución de Marzo. Principales discursos*, Buenos Aires, Gleizer, 1938, p. 116.

18 Ibíd., pp. 181-183.

establecía que el Estado "puede intervenir por medio de leyes en la explotación de industrias o empresas públicas y privadas, con el fin de racionalizar la producción, distribución y consumo de las riquezas, o de dar al trabajador la justa protección a la que tiene derecho" (art. 11). El trabajo, definido como "obligación social", gozaba de la "especial protección" del Estado, pero no era objeto de un desarrollo detallado. Se reconocía, además, a la asistencia pública como función del Estado (art. 16). El presidente López, en su mensaje al Congreso de 1936, consideraba que la reforma del "concepto de propiedad" permitiría "intervenciones moderadoras del Estado". Por cierto, se trataba de acciones realizadas ante todo por intermedio de políticas económicas, antes que expropiaciones o nacionalizaciones.

Estas constituciones de los años 1930, y especialmente la colombiana, establecían un vínculo entre intervención del Estado en la economía y la realización de derechos del trabajo, pero la conexión específica que hemos subrayado en el constitucionalismo social originario, en lo que hace sobre todo a la limitación de la propiedad privada, es menos nítida. Esto debido en buena medida al hecho de que las reformas constitucionales eran impulsadas por partidos liberales de avanzada pero que –a diferencia de lo ocurrido con las fuerzas socialistas que sostenían a las constituciones sociales europeas (o del caso particular de México, cuya constitución surgía de una revolución "social")– no estaban dispuestos a "desconocer el orden social existente", como lo afirmaba el mismo

Alfonso López en 1937[19]. Se trataba más bien de un proyecto de modernización social e institucional, promovido por los sectores avanzados de las élites burguesas de esos países[20]. Particularidades que anuncian ya el surgimiento de una modalidad diferente a finales de esos mismos años 1930.

En rigor, estamos en un momento de transición, porque tampoco estas nuevas constituciones sociales toman los rasgos de las experiencias populistas que se desarrollan un poco más tarde. En el caso uruguayo, la reforma era el resultado de un acuerdo entre sectores dominantes de los dos principales partidos políticos del país, sin buscar instalar un liderazgo personal fuerte. Incluso la Constitución uruguaya de 1934 fundaba un régimen que debilitaba al poder ejecutivo unipersonal para dar lugar a formas semi parlamentaristas. Tampoco la vía colombiana corresponde al modelo que se desarrollará poco después. Por cierto, un autor de la talla de Gerardo Molina no dudó en calificar de "populista" la experiencia de la

---

19 Tanto en el Parlamento brasileño como en el colombiano había hombres que se reclamaban del "socialismo". Pero su posición estaba lejos de ser dominante, como en el caso alemán o español. Tampoco estas asambleas expresan un largo proceso de sublevación como la experiencia constituyente mexicana, y ni siquiera la constituyente brasileña se aproxima a ella.

20 Ver A. Tirado Mejía, *Aspectos políticos del primer gobierno de Alfonso López Pumarejo, 1934-1938*, Bogotá, Procultura, 1981, p. 81.

Revolución en marcha[21], y tal vez algunos elementos puedan abonar dicha caracterización, en particular la construcción de un discurso en torno a la categoría de "masas", que se oponía a la "oligarquía" (pero que también evitaba la referencia a los trabajadores), un accionar que obedecía a "la experiencia" más que a un programa doctrinario, o aun la justificación de la intervención estatal como forma de equilibrar las relaciones capital-trabajo, rechazando la idea de lucha de clases. A diferencia de los modelos que surgirán en Brasil o en Argentina más tarde, sin embargo, el proyecto de López no pretendía estructurar al movimiento obrero desde arriba, empresa en la que el líder liberal colombiano solo se lanzaría tímidamente tras el interregno de Eduardo Santos, hacia 1944[22].

Surge así un espacio de realizaciones complejas entre el primer constitucionalismo social y la que terminará transformándose a la postre en una nueva modalidad, que se expresa al menos en tres textos constitucionales diferentes. La Constitución brasileña de julio de 1934 había mostrado ya esos componentes híbridos, incluso en lo que hacía al modo

---

21 G. MOLINA, *Las ideas liberales en Colombia, de 1935 a la iniciación del Frente Nacional*, t. III, Bogotá, Tercer Mundo, 1977, p. 97.

22 El sistema político colombiano y la estructura del propio Partido Liberal impedían tal vez el surgimiento de un movimiento populista. Solo el fracaso de la segunda presidencia de López Pumarejo liberará la posibilidad de un liderazgo de ese tipo en la persona de Jorge Eliécer Gaitán, que queda trunco tras su asesinato en 1948.

de designación de sus constituyentes en 1933: una parte, relativamente menor (40 de los 214 representantes), era electa en el marco de las corporaciones profesionales, los llamados "deputados clasistas". La asamblea constituyente aprobará un texto que recoge buena parte de la legislación laboral desarrollada por el gobierno de Getúlio Vargas[23], quien abría sus sesiones situando dicha obra "en la fase constructora del movimiento sindicalista", donde "las tendencias solidarias propiciaran la formación de los agrupamientos colectivos, cada vez más fortalecidos para la defensa de los intereses de grupo". Si la limitación de la propiedad privada no se apoyaba en su función social, este derecho no podía ser ejercido "contra el interés social o colectivo", como rezaba el artículo 113.17. El reconocimiento de derechos del trabajo se hacía en el marco del "amparo a la producción" y, de hecho, el artículo 121 equiparaba la "protección social de los trabajadores" con el interés económico del país. Dichos derechos debían ser desarrollados posteriormente por la legislación respectiva, de consuno con la idea de que se trataba de derechos programáticos, como así también la salud, la asistencia pública y la educación. Más trascendentes resultaban otros preceptos del capítulo consagrado al

---

23 Ver G. BERCOVICI, "Tentativa de insutuicáo da democracia de massas no Brasil: instabilidade constitucional e direitos sociais na era Vargas (1930-1964)", en C. PEREIRA DE SOUZA NETO y D. SARMENTÓ (eds.). *Direitos sociais, fundamentos, judicializacáo e direitos sociais em especie*, Rio de Janeiro, Lumen, 2008.

orden económico y social, que se abría con un artículo
que copiaba el precepto weimariano del artículo 151,
aunque agregaba al principio de justicia que debía organizar la vida económica para posibilitar a
todos una existencia digna, "las necesidades de la
vida nacional". De alguna manera podemos ver en
el texto constitucional brasileño de 1934 un campo
de tensiones, donde se entrecruzan ambos polos del
constitucionalismo social, pero también despuntaba,
en otro plano, una nueva modalidad, populista. Uno
de los principales ideólogos de ese nuevo constitucionalismo, Oliveira Vianna, expresaba bien esta nueva
constelación, cuando afirmaba que el proceso de la
Revolución de 1930 tuvo "[e]l mérito insigne de ele-
var la cuestión social a la dignidad de un problema
de Estado, dándole un conjunto de leyes, en cuyos
preceptos domina un profundo sentido de justicia
social, un alto espíritu de armonía y colaboración"[24].

Menos marcada por el componente corporativista,
pero dando al mismo tiempo una clara impulsión
populista, la Constitución boliviana de 1938 asumía
explícitamente su ruptura con la tradición liberal.
Había sido promovida por un grupo de jóvenes ofi-
ciales que rechazaban fuertemente a los partidos tradicionales tras el final de la guerra contra Paraguay,
reunidos en torno a la figura del coronel Germán

---

24 *Direito do trabalho e democracia social*, cit. por A. WOLKMER, *Constitucionalismo e direitos sociais no Brasil*, São Paulo, Acadêmica,
1989, pp. 47-48.

Busch, y que llegan al poder en 1936. Sus protagonistas hablarán de *socialismo de Estado* e incluso de
socialismo militar para identificar su programa. El
nuevo modelo estatal que aquel buscaba encarnar
se encontraba marcado por la creación de un novel
Ministerio de Trabajo, y más aún por una política de
nacionalización del petróleo, llevada a cabo por un
nuevo ministerio encargado de los recursos naturales
y mineros que se concreta bajo el gobierno del coronel
David Toro.

La nueva constitución proclamaba, con inequívo-
cas resonancias weimarianas, que el régimen económico debía "responder esencialmente a principios de
justicia social, que tiendan a asegurar para todos los
habitantes una existencia digna del ser humano" (art.
106), dando al Estado amplios poderes de regulación.
La propiedad privada era declarada inviolable solo
si su ejercicio respetaba su función social (art. 17). El
trabajo y el capital gozaban de la protección estatal
a igual título (art. 121). Su artículo 122 detallaba las
materias que debían ser reguladas por ley: el salario
mínimo, el seguro obligatorio de enfermedad, accidentes, paro forzoso, invalidez, vejez, maternidad
y muerte, los desahucios e indemnizaciones a empleados y obreros, el trabajo de las mujeres y de los
menores, la jornada máxima, el descanso dominical y
de los feriados, las vacaciones anuales y puerperales
con goce de salario, la asistencia médica e higiéni-
ca y otros beneficios sociales y de protección a los
trabajadores. La Constitución reconocía también la
libertad sindical, el contrato colectivo de trabajo (art.

125), el derecho de huelga (art. 126), la participación de los trabajadores en el beneficio de las empresas, la asistencia social, derechos todos que eran declarados "irrenunciables". La Constitución boliviana de 1945, que marca el cierre de esta experiencia, parece ir incluso más lejos en materia de limitación de la propiedad, ya que la expropiación se impone en caso de no conformidad con su función social (art. 17), aunque el nuevo texto retoma los mismos principios del régimen económico y social de la norma anterior.

En el mismo período, otros textos constitucionales mantienen un lazo más estrecho y directo con el primer constitucionalismo social. Sin duda la mejor expresión es la Constitución cubana de 1940, elaborada bajo el influjo de la Constitución española de la Segunda República y de la reactivación de la Constitución mexicana por las políticas económicas y agrarias del presidente Lázaro Cárdenas, en una asamblea constituyente donde incluso los comunistas estaban representados por primera vez. Es por ello que el trabajo era declarado un derecho inalienable del individuo y el Estado se obligaba a dar, con los medios de que disponía, un empleo a aquellos que no lo tuvieran, y, sobre todo, a asegurar a todo trabajador, manual o intelectual, las condiciones económicas necesarias para una existencia digna (art. 60). La Constitución establecía, entre otros preceptos, el salario mínimo (art. 61), el reconocimiento de los seguros sociales (art. 65), la limitación de la jornada legal de trabajo a 8 horas (art. 66), las vacaciones pagas (art. 67), la protección especial a la mujer trabajadora (art. 68), la libertad sindical (art. 69), el derecho de huelga de los obreros (aunque también de los empresarios…), (art. 71), los contratos colectivos de trabajo (art. 72) y la prohibición del despido sin formalidades y causas (art. 77), materias que debían ser reguladas por ley. La Constitución prohibía, además, las prácticas discriminatorias, y favorecía el desarrollo de las viviendas sociales. La propiedad privada era reconocida en su función social (art. 87), y el texto proclamaba la propiedad nacional del subsuelo y las riquezas (art. 88), como así también la prohibición de los grandes latifundios, cuya extensión sería fijada ulteriormente por ley (art. 90). Sin embargo, el texto no detallaba los instrumentos de intervención estatal, con la excepción de las obras públicas. En cambio, la Constitución establecía el principio de la orientación de la economía por el Estado, otorgándole un rol importante de regulación en materia de producción de caña de azúcar, la moneda, y la política antitrust. A su vez, la legislación social era una de las materias que podían ser sometidas al Tribunal de Garantías Constitucionales y Sociales que esta Constitución incluía por primera vez en el ámbito latinoamericano, y ante el cual los individuos tenían la posibilidad de interponer recursos[25]. El gobierno

---

25 Si la Constitución de 1940 expresa la primera recepción de la técnica de justicia constitucional especializada en América Latina, se trata, en rigor, aún de una sala especializada del Tribunal Supremo.

electo posteriormente (1940-1944), encabezado por Fulgencio Batista en el marco de una coalición "socialista democrática" que incluía en su seno a los comunistas, llevará a cabo un conjunto de reformas sociales por vía legislativa, en una lógica populista. Sin embargo, no realiza la legislación complementaria de la Constitución. Ella se materializará recién con el gobierno de Prío Socarrás (1948-1952), incluyendo la ley orgánica del Tribunal de Garantías Constitucionales y Sociales. Los historiadores consideran que es solo en ese momento que se plasma "el espíritu modernizador de la Constitución"[26].

*

Pero para entonces era ya posible identificar otra vía de constitucionalización del intervencionismo estatal, en que el populismo termina siendo la clave del proceso. Se trataba de una corriente cuyas bases político-intelectuales correspondían al polo de integración social y en muchos casos (como en Brasil, pero también, en menor medida, en Argentina) mostraban en sus inicios fuertes señas del corporativismo fascista. Aun tratándose de un movimiento impulsado desde arriba, incluso a través de los apa-

---

26 Ver F. López Civeira, "La República", en *Cuba y su historia*, La Habana, Gente nueva, 1998, p. 197. El texto constitucional estará en vigor hasta el golpe de Estado de 1952, encabezado por Batista.

ratos de Estado (como un sector importante de las fuerzas armadas) y sectores industriales de las élites burguesas, la interpelación populista adquiere aquí un lugar central, estableciendo un puente específico entre el programa de integración social y el dispositivo transformador del constitucionalismo social.

En efecto, contrariamente al Estado corporativista que se instaura en el Viejo Continente desde los años 1920, este proceso no se llevaba a cabo en oposición a una constitución social ya emplazada; antes bien, es el populismo constitucional, en lo esencial, el generador del dispositivo, ofreciendo así perspectivas de cambio social que no existían en el integracionismo europeo de tipo corporativista. Incluso, podemos hallar en algunas de las constituciones que expresan este diseño populista la tríada que formaba el dispositivo típico del constitucionalismo social originario, lo que abría la posibilidad a un conjunto importante de transformaciones.

Este modelo, que ya despuntaba en algunas constituciones de los tempranos años 1930, aparece extremado en la Constitución brasileña de 1937 que funda el *Estado novo*, donde el componente corporativista se hallaba claramente desarrollado, en parte bajo el influjo de las constituciones portuguesa de 1933 y polaca de 1935. En verdad, el texto de 1937 conservaba también buena parte de las disposiciones sociales de su antecesora en materia de protección al trabajo o a la salud, pero sus cambios eran significativos. En particular, el capítulo consagrado al "Orden económico" colocaba la iniciativa individual en el lugar central de la producción de riqueza, dando a la intervención del Estado carácter subsidiario, teniendo esta última como fines, ante todo, la resolución de conflictos o la introducción de los intereses de la Nación (art. 135). El trabajo aparecía como deber social, garantizándose el derecho de subsistencia. La Constitución de 1937 establecía que los sindicatos solo representaban a los obreros en tanto hubiesen sido reconocidos por el Estado (art. 138). En esa lógica, la huelga era declarada antisocial e incompatible con los intereses superiores de la producción nacional (art. 139). En cambio, las corporaciones, vistas como entidades representativas de la fuerza de la producción, surgían como la base para la organización de la economía (art. 140), ejerciendo funciones delegadas de poder público, como en la tradición corporativista europea. El Consejo de la Economía Nacional, formado con igual representación de empleadores y empleados de las diferentes ramas de la producción, destacaba como el actor central de la política social y económica de este modelo constitucional económico, aunque no conocerá una real concreción.

El fin de la Segunda Guerra Mundial y el fracaso del fascismo europeo se reflejarán en la evolución constitucional latinoamericana en materia social y económica. Ya la Constitución brasileña de 1946 expresa estos cambios con nitidez, aun retomando buena parte de su normativa del texto de 1934. Esto se veía con cierta transparencia en los derechos reconocidos a los trabajadores por los artículos 156 y siguientes, y en particular en el derecho a huelga

(art. 158) y en la libertad sindical (art. 159). El uso
de la propiedad privada estaba "condicionado al
bienestar social" (art. 147). Previamente, el artículo
146 afirmaba que el Estado podía "intervenir en el
dominio económico y monopolizar determinada
industria o actividad", retomando la disposición de
su predecesora de 1934.

También hallaremos las marcas de esta evolución
en la Constitución argentina de 1949, que era, contrariamente al caso brasileño, la primera expresión
del constitucionalismo social en el país[27]. En un
mundo diferente, el general Perón fundaba más
sobriamente el anhelo reformista de su gobierno en
la necesidad de que la Constitución garantizara la
existencia perdurable de "una democracia verdadera
y real", o lo que llamaba el tránsito de la "democracia
liberal" a la "democracia social". No se consideraba
menos, empero, el iniciador de una era de redención,
fundada en la colaboración social, que haría posible
"robustecer los vínculos de solidaridad humana,
incrementar el progreso de la economía nacional,
fomentar el acceso a la propiedad privada, acrecer la
producción en todas sus manifestaciones y defender
al trabajador mejorando sus condiciones de trabajo y
de vida". De algún modo, el texto argentino de 1949

---

27 En lo que sigue, nos concentraremos sobre esta última, en razón
de su carácter tardío, ya en el contexto de la reactualización
del constitucionalismo social europeo post 1945, lo que torna
más marcada la especificidad de esta modalidad, ya alejada
del proyecto corporativista propiamente dicho.

retomará, como un todo sistematizado, el dispositivo
del constitucionalismo social que había sido inaugu-
rado por la Constitución mexicana de 1917, aunque
lo desplegaba ahora en un contexto de integración
social de base universalista propio de los procesos
de la posguerra en el Viejo Continente[28].

Aun sin proclamar un nuevo principio general en
materia de igualdad, el nuevo "Preámbulo" agregaba entre sus fines el de constituir una Nación "socialmente justa", y el artículo 40 establecía que "la
organización de la riqueza y su explotación tienen
por fin el bienestar del pueblo, dentro de un orden
económico conforme a los principios de la justicia social". Sobre todo, dos nuevos capítulos estructuraban
el contenido socio-económico del texto: el capítulo
III y el capítulo IV. El artículo 37, que formaba el primero de ellos, enunciaba un conjunto de "derechos
especiales", que se organizaban a su vez en cuatro
grandes secciones: derechos de los trabajadores, de
la familia, de la ancianidad y de la educación y la
cultura. Desde un punto de vista técnico, estos derechos sociales se encontraban separados de los llamados "derechos, deberes y garantías de la libertad
personal", y, en lo esencial, no habían sido elaborados
en la Asamblea, sino "proclamados" por el general
Perón dos años antes –en lo que hace a los derechos

28 C. M. Herrera "Estado social y derecho sociales fundamentales" (2006), trad. esp. en *Revista de la Academia Colombiana de
Jurisprudencia*, 2009.

de los trabajadores– y por su esposa Eva Duarte
–por lo que atañe a los derechos de la ancianidad– en
1948, y luego incorporados al ordenamiento jurídico
por sendos decretos[29]. Se constitucionalizaban así,
entre los derechos de los trabajadores, un inocuo
"derecho de trabajar", pero también el derecho a
una retribución justa, el derecho a la capacitación, el
derecho a condiciones dignas de trabajo, el derecho
a la preservación de la salud, el derecho al bienestar, el derecho a la seguridad social, el derecho a la
protección de la familia del trabajador, el derecho al
mejoramiento económico y el derecho a la defensa
de los intereses profesionales. Si, desde un punto de
vista comparado, los enunciados en materia de derechos sociales eran demasiado generales y estaban
por detrás de lo que establecían otras constituciones
europeas de posguerra (como la Constitución italiana de 1948), e incluso latinoamericanas (no solo sus
lejanas predecesoras, sino también sus contemporáneas, como la brasileña de 1946), tanto en lo que
hace a su precisión normativa como a su amplitud,
no implicaban menos una ruptura importante en la
cultura constitucional argentina, encerrada en un
rígido molde liberal decimonónico.

---

29 En el mensaje de apertura de las sesiones ordinarias de 1948.
    Perón insistía en su "Valor positivo, que no es meramente
    retórico", pero pedía incluirlos en el texto constitucional, lo
    que acaba finalmente por acaecer.

Son, sin embargo, las normas consagradas a la
organización económica las que mejor explicitan el
modelo elaborado en la Asamblea Constituyente. El
capítulo IV, que versaba sobre "la función social de
la propiedad, el capital y la actividad económica",
era, en un sentido, mucho más cuidado formalmente, y se estructuraba en tres artículos sucesivos. El
artículo 38, que abría la sección, proclamaba la "función social de la propiedad", que, "en consecuencia,
estará sometida a las obligaciones que establece la
ley con fines de bien común". Explicitaba, además,
las formas de intervención en el campo. Aunque el
carácter social que se le daba al capital en el artículo
39 parecía jurídicamente más inocuo, el artículo 40,
en cambio, preveía la intervención del Estado en la
economía (vía la expropiación y la monopolización),
encuadraba la iniciativa privada, y declaraba la propiedad nacional de las fuentes naturales de energía
(agua, gas, minerales, carbón, petróleo) con carácter
imprescriptible e inalienable, así como el carácter no
menos inajenable de los servicios públicos.

A su vez, los constantes reenvíos del texto constitucional a enunciados como "justicia social", "bienestar
del pueblo", "bien común", "beneficio común del
pueblo", "bienestar social", etc., aunque resultasen
sin duda muy vagos desde el punto de vista jurídico,
conferían a la Constitución una fisonomía política
novedosa. Y el discurso más articulado del constitucionalismo peronista, representado por Arturo
Enrique Sampay, el jurista que había redactado los
principales preceptos, lograba conectar directamente

el reconocimiento de derechos sociales con la organización capitalista y sus evoluciones. Ya en la presentación del proyecto, Sampay, subrayando la importancia de "la garantía de una efectiva vigencia de los derechos sociales del hombre", apuntaba que "toda la legislación intervencionista que la reforma autoriza tiende a compensar la inferioridad contractual, la situación de sometimiento en que se halla el sector de los pobres dentro del sistema del capitalismo moderno". Sampay resaltaba la importancia de recogerlos explícitamente en la constitución, esto a la luz de la experiencia trunca del *New Deal* de Roosevelt[30].

*

Como podemos observar, el desarrollo del constitucionalismo social latinoamericano durante la primera mitad del siglo XX encierra al menos dos estructuras.

La especificidad constitucional de la primera experiencia, expresada por la Constitución mexicana de 1917, está signada por el hecho de ser producto de una revolución social. Esto, por cierto, no equivale a

---

30 Con más detalle, ver C. M. Herrera, "En los orígenes del constitucionalismo social argentino. Discursos en torno a la Constitución de 1949", *Historiaconstitucional.com*, n.º 15, 2014, retomado en R. González Leandri, P. González Bernaldo de Quirós y A. Galera Gómez (eds.), *Regulación social y regímenes de bienestar en América Latina (siglos XIX-XX)*, Madrid, Polifemo, 2015, pp. 307-341.

decir que dicho texto, o las políticas llevadas a cabo por los gobiernos posteriores, fueran una lisa y llana traducción del programa revolucionario –se ha hablado incluso de "uso contra-insurreccional de las reformas sociales"[31]. Pero las marcas de dicha revolución son nítidas en un dispositivo constitucional, auténticamente nuevo a escala planetaria.

Las incorporaciones de cláusulas sociales en los textos constitucionales posteriores, en cambio, se lleva a cabo en el marco de procesos de modernización, con todo lo que ello implicaba en términos de renovación de personal político, ascenso de clases medias, etc. Dichos procesos no solo implicaban una movilización social importante: se dan también en un contexto de crisis de las instituciones republicanas, lo que permite entender mejor el carácter populista de los gobiernos que impulsan las reformas constitucionales, e incluso sus vías de acceso al poder en buena parte de los casos (golpes de Estado, autogolpes, levantamientos y revueltas). Este conjunto de características convergen en el papel central que entra a jugar el actor estatal. De la radicalización de estos procesos, sobre todo por el ascenso de los sectores obreros –contexto donde se produce asimismo el encuentro con el corporativismo– surgirá el populismo constitucional.

---

31 CÓRDOVA, "México. Revolución burguesa y política de masas", cit., p. 72.

Así, pues, al modelo originario que surge de la Constitución mexicana de 1917 se debe sumar la especificidad de otra vía de constitucionalización social, que hemos llamado ya el populismo constitucional, cuya articulación de componentes no parece menos novedosa, al menos al interior de la vieja tradición integradora. De hecho, su modalidad no pasa tanto por la construcción de un sistema institucional (ni siquiera de seguridad social cual estaba aconteciendo en la Europa de posguerra) como por habilitar fuertemente la intervención económica del Estado, con una presencia no menos vigorosa de la dimensión nacionalista. La constitucionalización de derechos sociales que la acompaña adolece, en cambio, de cierta precisión técnica, habida cuenta de la experiencia constitucional acumulada en el momento de su adopción.

La afirmación de una oposición de clases, la idea de evolución social y transformación económica a través del accionar estatal, que era propia del primer constitucionalismo social, se hallaba también en el populismo constitucional, aunque fuera moderada por otros componentes. Como vimos, a diferencia del corporativismo constitucional europeo de entreguerras, el populismo constitucional erige, con sus limitaciones, un Estado social otrora inexistente, produciendo nuevos equilibrios sociales. Si acaso puede considerarse que la variante populista se despliega con un fin instrumental, en un contexto de alta movilización obrera o social, el proceso de constitucionalización no lo anula, e incluso lo potencia al darle cierta legitimación jurídica. En definitiva, la recepción de elementos corporativistas no ocupa el mismo lugar en el dispositivo constitucional[32].

En ese sentido, el tipo de entramado que se crea entre las demandas sociales y el Estado expresa una modalidad de lo que se ha llamado "sociedad política", donde la constitución, y en particular la idea de los derechos sociales, ocupa un lugar significativo, contrariamente a lo que se aseguraba tradicionalmente[33]. En efecto, esta construcción de un constitucionalismo social por vías populistas otorga un carácter particular al reconocimiento de derechos sociales. Inspirándonos libremente en algunos trabajos de la teoría política poscolonial, podríamos hablar así de "derechos parajurídicos"[34]. Estos tienen efectos reales, incluso jurídicos, pero deben buscarse por fuera del sistema de garantías constitucionales propiamente dicho, donde cuentan ante todo con un

---

32 De hecho, el peronismo había absorbido el discurso constitucional nacionalista, al menos en lo que respecta a lo económico, vaciándolo de su núcleo fascista para reemplazarlo por la idea de planificación.

33 El discurso de los derechos no puede ser ignorado por la experiencia populista, en la medida en que ya se encuentra activado en la sociedad donde opera. Pero el sentido dado es finalmente otro, por el rol que juega el Estado en su realización.

34 Tomo las expresiones de "sociedad política" y "derechos parajurídicos" de P. CHATTERJEE, *The Politics of the Governed. Reflections on Popular Politics in Most of the World*, New York, Columbia University Press, 2004, pp. 37-38.

valor declarativo[35]. Como lo señalara a finales de los años 1950 el sociólogo ítalo-argentino Gino Germani analizando el peronismo:

> Los logros efectivos de los trabajadores en el decenio transcurrido [...] no debemos buscarlos en el orden de las ventajas materiales –en gran parte anuladas por el proceso inflacionario– sino en este reconocimiento de derechos, en la circunstancia capital de que ahora la masa popular debe ser tenida en cuenta, y se impone a la consideración incluso de la llamada "gente de orden", aquella misma que otrora consideraba "agitadores profesionales" a los dirigentes sindicales[36].

El peso simbólico de instituir derechos sociales en un texto constitucional les otorgaba una eficacia específica, más aún si se piensa que este reconocimiento era paralelo a la movilización del movimiento obrero –sobre bases no menos estatales, por cierto.

Cabría reconocer en el populismo constitucional una modalidad histórica de construcción del constitucionalismo social en América Latina. Más que un

---

35 Se debería realizar un estudio comparado de los niveles de eficacia alcanzados por los mecanismos constitucionales de la época para dar mayor precisión a un juicio, que se apoya sobre todo en los enunciados jurídicos. Pero esto escapa a nuestro propósito.

36 G. Germani, "La integración de las masas a la vida política y el totalitarismo" (1956), en Id., *Política y sociedad en una época de transición*, Buenos Aires, Paidós, 1968, pp. 334, 325.

tipo alternativo, sería una forma de constitucionalismo social integrador, aunque con características
propias en la medida que el elemento transformador
–la idea de que la constitución es un instrumento de
cambio más que de garantías– tiene un lugar central.

No es este el lugar para resumir en pocas palabras las evoluciones posteriores, donde una serie
de experiencias políticas complejas, que incluyen
ya desde los años 1950 las experiencias revolucionarias de Bolivia, Cuba y más tarde Nicaragua, el
desarrollismo, y luego, ya más cerca de nosotros,
el neo-liberalismo y el neo-populismo, marcarán
fuertemente las estrategias constitucionales. Si la
modalidad populista se renovará en la primera
década del siglo XXI a partir de la experiencia venezolana, este nuevo avatar adquiere un conjunto de
perspectivas propias. Al mismo tiempo, la estrategia
del Estado social de derecho, que recibe un fuerte
impulso con la Constitución colombiana de 1991,
ofrecerá igualmente nuevas experiencias al modelo neo-constitucionalista, con una extensión de las
modalidades de intervención jurisdiccionales[37]. Lo
que confiere, a la postre, una mayor complejidad al
marco histórico de la primera mitad del siglo XX, que
acabamos de presentar, multiplicando las formas de
imbricación. En todo caso, suponer que la vitalidad
del constitucionalismo social en América Latina es

---

37 Sobre ambas cuestiones, ver *supra*, capítulo tercero, e *infra*,
   capítulo séptimo.

solo un síntoma de una desigualdad persistente en sus países sería un tanto reduccionista. Al menos si no se tiene en cuenta, además, el peso y la riqueza de la cultura constitucional latinoamericana.

CAPÍTULO SÉPTIMO
LOS DERECHOS SOCIALES Y LOS FUNDAMENTOS
DEL CONSTITUCIONALISMO DEMOCRÁTICO

Si, como lo recordáramos más arriba, la idea de constitucionalismo surgió en la historia como vía institucional para la limitación del poder, su empalme con las tradiciones democráticas es más tardío, sobre todo en Europa, tras un proceso específico y complejo.

Un conjunto de conceptos hacen entonces su aparición para marcar esta ampliación de horizontes. Ante todo, la idea de *poder constituyente*, cuya irrupción inaugura ese momento democrático, durante las grandes revoluciones burguesas del siglo XVIII. Empero, desde sus primeras teorizaciones en el Derecho constitucional, el poder constituyente se presenta como un momento único, que se agotaba en sí mismo –"para un único asunto y solo por un tiempo", como escribe el abad Sièyes–, para dar paso a los poderes constituidos. En ese sentido, pese a su tenor democrático, la noción aparecía como un momento "externo" a la constitución, que era reabsorbido por el ordenamiento jurídico, en el mejor de los casos como poder "derivado".

En cambio, la idea de *derechos sociales*, que surge
más tardíamente, pareció asentarse como una vía
"interna" a la democratización del constitucionalismo, que operaba al nivel de los poderes constituidos.
En verdad, ninguna de estas dos nociones agota los
fundamentos del constitucionalismo democrático.
Se podría rastrear en otras tantas, como los *recursos*
de los ciudadanos para proteger y hacer valer sus
derechos ante los poderes públicos, que se fueron
extendiendo cada vez más –tanto en lo que hace a
los sujetos de derecho como a los objetos tutelados–,
hasta convertirse hoy en un fundamento del constitucionalismo democrático, que opera también en un
plano interno. En resumidas cuentas, la evolución
del Derecho constitucional ha mostrado que no existe un cauce único para identificar los fundamentos
del constitucionalismo democrático, sino más bien
diversos afluentes.

Sin embargo, en esa reconstrucción, la idea de
derechos sociales pareciera gozar de un estatuto
particular con respecto a otros conceptos del campo constitucional. Una vez constitucionalizados
de manera sistemática en las normas supremas del
siglo XX –entre 1917 y 1919 por primera vez–, se los
consideró como expresión de la democratización en
sí, que era extendida de la esfera política al marco de
las relaciones sociales. Incluso pudieron ser pensados
en algunas teorías como representativos de la otra
dimensión del constitucionalismo, es decir como limitación a la arbitrariedad, en este caso del capital,
en la tradición del control del poder –es por ello que

se hablaba, como ya vimos, de "constitución de la fábricas" o de "fábrica constitucional". Posiblemente existan razones estructurales para explicar esta especificidad de los derechos sociales como vector democratizador del constitucionalismo. El concepto dejaba suficiente apertura hacia el "exterior" para poder operar de manera "directa", o si se prefiere, "política", sobre los fundamentos democráticos del constitucionalismo, sin quedar por ello bloqueada fuera del sistema, como ocurría con la noción de poder constituyente.

No por nada la referencia a los derechos sociales apareció rápidamente para articular un conjunto de proyectos jurídico-políticos de democratización de la sociedad, con lo que implicaba de cambio social. Esquemáticamente, podemos identificar al menos cuatro momentos: en 1792, con el proyecto jacobino desarrollado por Robespierre en torno al reconocimiento de un derecho a la subsistencia; en 1848, con el proyecto socialista de establecer constitucionalmente un derecho al trabajo; en 1917, con la Constitución mexicana que enunciaba los derechos de los trabajadores, profundizado poco después por la Constitución de Weimar; y finalmente, en 1945, con el proyecto socialdemócrata que buscaba reorganizar la sociedad de manera de asegurar el pleno empleo a partir del principio de la seguridad social.

Esta proximidad con un proyecto político era facilitada por la relativa estabilidad nocional que alcanza rápidamente la expresión, luego de su irrupción como concepto nuevo, a mediados del siglo XIX, y que de algún modo imprime su marca hasta nuestros días. Por cierto, expresiones vecinas ya se encontraban en el momento de la gran Revolución de 1789, pero mientras que entonces el concepto aparecería como una extensión de la idea de derechos humanos, en los debates constituyentes de 1848 implicaba ya una ruptura asumida con la revolución burguesa y su idea individualista de derechos. Su especificidad era asociada, tanto por sus defensores como por sus detractores, a dos componentes propios, que permitía distinguirlos de los derechos humanos.

En un plano teórico-político, esta novedad surgía de la reducción de lo que podemos llamar la aureola de trascendencia de los derechos humanos, que se había enraizado en una gramática de derechos naturales, preexistentes con respecto al Estado e incluso a la sociedad. Aunque quizás cabría decir, con mayor exactitud, que en el caso de los derechos sociales esa dimensión era transferida a un espacio político propiamente dicho, la intervención estatal, sin que las referencias a un derecho natural (a menudo construidas en torno a la idea de fraternidad o, más tarde, del principio de solidaridad) desaparezcan del vocabulario. Pero los derechos sociales eran considerados como inseparables de una política (social), e incluso se reducían a esa política. Esto implicaba una contracara, acentuada por sus oponentes pero aceptada también por muchos de sus defensores: no eran "derechos" en el sentido estricto, es decir derechos subjetivos, con obligaciones individualizadas, ni siquiera en lo que concierne a la intervención del Estado.

El otro aspecto relacionaba estrechamente derechos sociales y transformación social: los derechos sociales aparecen como el vector, o mejor dicho como el mecanismo jurídico que, siguiendo determinadas vías –constitucionales y democráticas–, permitía alcanzar una evolución social, a través, en particular, de un cambio del régimen de propiedad privada, que se correlacionaba con la realización de tales derechos. Esta dimensión llevará más tarde a concebir los derechos sociales como "programas" (y se hablará en consecuencia de normas o constituciones programáticas).

En este capítulo examinaremos el lugar de los derechos sociales como fundamento del constitucionalismo democrático. Por cierto, los conceptos no se transforman automáticamente en "fundamentos"; para que ello ocurra, deben ser articulados, sistematizados o simplemente utilizados en un discurso, a nivel de las normas constitucionales o de sus reconstrucciones doctrinales. "Constitucionalismo" no designa, como ya dijéramos más arriba, solo un movimiento histórico, sino también la elaboración que hace de esos conceptos el punto de partida de una corriente de pensamiento, amén de una disciplina, jurídica. De hecho, observaremos una serie de interrelaciones entre diferentes nociones del derecho constitucional, como las que venimos de evocar, u otras como justicia constitucional. En definitiva, circunscribir fundamentos implica abordar

aquí concepciones constitucionales que se reivindi-
can intrínsecamente como democráticas, a saber, el
constitucionalismo social y lo que algunos autores
han llamado recientemente el constitucionalismo
transformador.

I. El constitucionalismo social

Desde la óptica que anima este libro, sería tentador
definir el "constitucionalismo social" como aquella
corriente que hace de los derechos sociales el fundamento democrático del constitucionalismo. Pero
se trataría de una visión demasiado general. Por lo
pronto, la relación con lo político o lo programático –que era, pues, la marca con que irrumpían los
derechos sociales en la tradición constitucional– no
basta para concebirlos. Las articulaciones políticas de
los derechos sociales, en efecto, no eran uniformes o
unidireccionales y, desde un punto de vista interno,
se movían entre dos polos, la emancipación social
y la integración social[1]. No se trata de una mera re-

---

1   Ver C. M. Herrera, "Estado, constitución y derechos sociales",
    Revista Derecho del Estado, Bogotá, n.° 15, diciembre de 2003,
    pp. 75-92, recogido en Id., *Los derechos sociales, entre Estado y
    doctrina jurídica*, cit. En el momento en que hacía esta distinción,
    me interesaba, sobre todo, mostrar la incidencia que tenía en el
    concepto de "derechos sociales" la inscripción de su significa-
    ción en uno u otro polo, en particular con respecto a su carácter
    universal, lo que tiene, a su vez, una relación estrecha con los
    efectos jurídicos que se derivan. En este trabajo quisiera insistir
    en otro aspecto, o mejor dicho, busco afinar la distinción y al

construcción iusfilosófica: en los diferentes proyectos constitucionales podemos identificar una u otra de estas lógicas en funcionamiento, y la extensión de los derechos sociales (y con ellos, de la configuración estatal) varía según se ordenen sus comprensiones a partir de uno u otro polo.

En ese sentido, y contrariamente a lo que ocurre a menudo en la doctrina constitucional, se deben distinguir cuidadosamente las distintas compresiones del concepto de "Estado social". Para no alejarnos demasiado, por ahora, de nuestro presente, señalemos que la mayor parte de los análisis no toman siempre en cuenta la especificidad que implicaba la forma *Welfare State* –que se desarrolla a partir de los años 1940 y se constitucionaliza en una serie de países europeos– para determinar la naturaleza de los derechos sociales[2]. En efecto, esta nueva forma de

mismo tiempo extender el cuestionamiento. Afinarla con respecto al tipo de relación que puede existir entre los dos polos y el constitucionalismo del siglo XX, que, a decir verdad, ya había comenzado en un trabajo posterior, pero que se detenía esencialmente en los inicios de los años 1990. Es por ello que quisiera extenderla aquí a las experiencias constitucionales que se desarrollan a lo largo de esa década y, sobre todo, en la siguiente. Pero alargarla en especial geográficamente, alejándome de Europa y deteniéndome en particular en algunos procesos desarrollados en América Latina.

2   Ver HERRERA, "Estado social y derechos sociales fundamentales", cit. Como lo había subrayado Luigi Ferrajoli en un texto programático, el *Welfare State* se presenta como un conjunto consolidado de prácticas económicas y políticas marcado por la anomia o ajuridicidad", al menos en términos de derechos

Estado social implicaba una ruptura con la lógica del constitucionalismo social de entreguerras, inscrito más claramente en un polo emancipatorio, que se profundizará a lo largo de los procesos constitucionales subsiguientes, sobre todo los posteriores a la crisis económica de los años 1970.

A mi entender, una reconstrucción de los fundamentos democráticos del constitucionalismo a partir de los derechos sociales supone clarificar el tipo de relación que puede existir entre ambos polos a lo largo del siglo XX. Avanzaré aquí una primera hipótesis, de carácter más bien general: si los dos polos integración-emancipación operan en la historia constitucional bajo la forma de pares opuestos, esto no implica necesariamente la exclusión de una u otra lógica en el (con)texto constitucional, sino más bien la posición dominante de uno sobre otro. Se podría decir que esta característica es más propia de un período dado, con lo que tiene de dinámico y cambiante, que de un texto, por razones que no son solo constitucionales. Esta hipótesis me permitirá sintetizar –de manera inevitablemente esquemáti-

---

(lo que él llama el garantismo). Los "derechos sociales" son más o menos satisfechos "según procedimientos de naturaleza prevalentemente política" y "permanecen, en lo que respecta a la forma jurídica, como simples proclamaciones de principio desprovistas de garantías efectivas". Ver L. FERRAJOLI, "Estado social y Estado de derecho" (1982), trad. esp. en V. ABRAMOVICH, M. J. AÑÓN y C. COURTIS (eds.), *Derechos sociales. Instrucciones de uso*, México D. F., Fontamara, 2003, pp. 12-13.

ca– casi un siglo de historia constitucional en dos grandes momentos:

– Un primer período, que se extiende entre 1917 y el fin de la Segunda Guerra Mundial, en el que (re)emerge el polo de emancipación social.

– Un período posterior, que llega hasta la última década del siglo XX, en que (pre)domina la integración social.

Nunca está de más precisar que estas distinciones, que presento de forma algo abstracta e incluso abrupta, presentan un valor puramente analítico, ya que ambos polos del constitucionalismo social están lejos de tener, en materia normativa, una traducción automática, cristalina. Toda política, incluso una política "revolucionaria", supone siempre, de hecho, un momento de integración. En la realidad, las significaciones se contaminan unas con otras, dando lugar también a formas mixtas, que habrá que estudiar más detenidamente en otro trabajo. Contentémonos aquí con desarrollar algunas características de ambos momentos.

A. El momento de la emancipación

Es aquí que se despliega lo que podríamos llamar la noción originaria o estrecha del constitucionalismo social, que en trabajos anteriores, como ya lo sabe el lector, he tratado de definir a partir de la correlación de tres elementos que se articulan entre sí de manera específica: la afirmación de un principio material de justicia o igualdad (no siempre enunciado en la parte dogmática), la limitación de la propiedad privada por su función social (y que puede contener medidas como la expropiación, la nacionalización, la socialización, la reforma agraria) y, finalmente, la enunciación de los derechos de los trabajadores (incluyendo la erección de mecanismos específicos de producción normativa, confiados a los actores sociales organizados en sindicatos). Esta tríada aparece por primera vez en la Constitución mexicana de 1917 y en la Constitución alemana de 1919 [3].

Con la asunción de los derechos sociales como fundamento de la constitución, este movimiento entendía completar doblemente tanto el constitucionalismo como la democracia: en el plano de los derechos, reconociendo ahora "los sagrados derechos de los obreros", al decir de un constituyente mexicano que ya hemos recordado, y en el plano de la participación, prolongando la libertad política al ámbito material (económico) de la producción.

---

3   La existencia de un dispositivo específico debería llevarnos a distinguir mejor entre "constitucionalismo social", como concepción o proyecto específico, y "constitución social", como evolución que conlleva la adopción general de normas de contenido social, sobre todo post 1945. En la medida que esta evolución constitucional se generaliza, esta última noción pierde mucho de su pertinencia para mentar al constitucionalismo social (no por nada se propusieron nuevos conceptos para denominar el tipo de texto producido por el constitucionalismo social, como "constitución dirigente").

De manera algo provocadora, diré que el reverso de ese constitucionalismo social emancipatorio es el corporativismo. En efecto, el corporativismo puede ser visto no solo como una forma extrema del polo de integración social, sino también como su primera expresión *constitucional*, tal como se desarrolla, por ejemplo, en la Constitución portuguesa de 1933, o antes, en la *Carta del Lavoro*, que sin ser formalmente una constitución, opera como vértice del ordenamiento fascista italiano. El fin declarado aquí es construir una armonía social, a partir de los intereses comunes de las partes en conflicto, no solo en el campo de la producción, sino también en la arena política, ocluyendo toda autonomía individual o colectiva. El conflicto social, que el constitucionalismo emancipatorio buscaba hacer entrar en el dispositivo normativo, resolviéndolo con ello en una dirección precisa, queda aquí afuera, pasándose de la igualación a la tutela.

Cabría afirmar que existe otro tipo de integración en el período, más difícil de abordar con las categorías europeas, y que participa sin duda de esas formas mixtas a las que hiciésemos alusión hace un momento. Como lo acabamos de estudiar en el capítulo precedente, existen modalidades propias del constitucionalismo social latinoamericano, a partir del desarrollo de su componente populista, que construirá su propia vía a partir de los años 1930. Por cierto, el populismo no era la única vía: como vimos con la Constitución mexicana, pero también con la incorporación de normas constitucionales de contenido social en ciertos países, como Chile, en 1925. Pero el populismo termina siendo la clave de esos procesos. El populismo constitucional es un movimiento cuyas bases político-intelectuales corresponden al polo de integración y en muchos casos (como en Brasil, pero también en menor medida en Argentina) muestran fuertes marcas del corporativismo. En todos los casos, se trata de un movimiento desde arriba, a través del Estado y un sector de sus élites gobernantes. Sin embargo, como ya dijimos más arriba, este modelo social no se lleva a cabo en oposición a una constitución social ya emplazada; antes bien, ese populismo constitucional es, en lo esencial, el creador del dispositivo, ofreciendo así perspectivas transformadoras que no existían en el integracionismo europeo de tipo corporativista.

B. El momento de la integración

Se acepta hoy sin mayor discusión en la doctrina constitucional que tras la Segunda Guerra Mundial asistimos a un cambio de paradigma constitucional, susceptible de ser identificado en todas sus materias: parlamentarismo (racionalizado), justicia constitucional, derechos fundamentales. Se ha hablado así de "constitucionalismo normativo" o "neoconstitucionalismo". Pero aquí solo nos interesa su componente social.

Para hacerse constitucional, abandonando los márgenes demasiado estrechos del derecho administrativo –sin hablar de la actualización de la cuestión democrática tras la experiencia del totalitarismo–, el viejo polo de integración transmuta, o en todo caso amplía sus fundamentos, dotándose ahora de una base universal. Ya no se tratará de un derecho para los pobres, los indigentes, ni siquiera para una categoría social específica, como podían ser los trabajadores, sino para el conjunto de los ciudadanos. El concepto de "ciudadanía social", acuñado, como es sabido, por el sociólogo inglés Thomas Marshall, da probablemente la formulación clásica a este momento, pero en un nivel más jurídico –y sin duda también más complejo– lo podríamos identificar en otro tipo de nociones doctrinales, como norma o constitución programáticas, a las que ya hemos hecho una rápida referencia[4].

---

4   La noción de "constitución programática", que propugnaban los constituyentes comunistas en Italia, se traducía en una versión más técnica con la idea de norma programática, desarrollada principalmente por Vezio Crisafulli. Este movimiento significaba ya, a mi entender, un cambio de peso con respecto a la noción de constitución material que era ampliamente discutida en Italia gracias a los trabajos de Mortati. Mientras que la idea de constitución material implicaba siempre una referencia extrajurídica, lo que la ubicaba por fuera de la norma escrita, la idea de constitución programática insiste en el carácter positivo, aplicable, al interior del dispositivo jurídico. En cierto modo, en momentos en que se produce la constitucionalización en la Europa de posguerra, que implica la afirmación del carácter normativo, no solo político, de la constitución, la visión de Mortati parecía anticuada. C. M. Herrera." El pensamiento social del constitucionalismo"(2008), trad. en Id., *Los derechos sociales, entre Estado y doctrina jurídica*, cit.

El "constitucionalismo social" que surgirá de los procesos constituyentes de la segunda mitad de los años 1940 termina alejándose del polo de emancipación. En aquellos países que conocerán aún cierta inestabilidad constitucional en la década siguiente, como Francia, cuya Constitución de 1946 es abandonada en 1958, el dispositivo del constitucionalismo social desaparece, incluso materialmente –los principales especialistas de derecho público habían alertado en su momento sobre el carácter social de la Constitución de la Cuarta República, y sus capacidades altamente transformadoras.

A decir verdad, el proceso constituyente que sigue a la caída de los regímenes totalitarios en Europa occidental dejaba abierta la posibilidad de retomar el dispositivo del constitucionalismo social originario, al menos en aquellos países donde las fuerzas de la resistencia antifascista estaban fuertemente representadas en las asambleas constituyentes. Así, la Constitución italiana de 1948 no solo conservaba los mecanismos propios del constitucionalismo social originario, sino que además los profundizaba a partir de una definición de la República fundada en el "trabajo". Incluso ese texto tan particular que es la Ley Fundamental alemana de 1949 contiene disposiciones que, como su artículo 14, mantienen la institución de la expropiación, y, sobre todo, el artículo 15, que dejaba abierta la posibilidad de una socialización y la instauración de un régimen de propiedad colectiva para los medios de producción.

Pero aun cuando el dispositivo propio del constitucionalismo social originario estuviera presente, el polo de integración terminaría rápidamente tornándose dominante en la reconstrucción de esos nuevos Estados. ¿Cuál es la razón principal de esta inversión? En rigor, las razones no son constitucionales, sino, ante todo, políticas; tocan a los principales portadores de la idea de emancipación social en la constitución, es decir el socialismo democrático, artífice del dispositivo de la Constitución de Weimar. Aquí, la fecha de 1958 es también simbólica en lo que respecta a la SPD alemana, ya que ese año marca su abandono del marxismo como concepción propia y de un programa anticapitalista en el célebre congreso de Bad-Godesberg. Cuando el polo de emancipación queda huérfano de su sostén histórico, nos encontramos frente a un Estado social que podríamos llamar, de nuevo con algo de provocación, modelo social-demócrata-cristiano[5].

Por cierto, el polo de integración, al asumir una visión universalista tras la Segunda Guerra Mundial, produce también ciertas evoluciones sociales, pese a no tratarse de cambios estructurales. Incluso la propiedad privada es limitada en aras de la realización de los derechos sociales, aunque más no sea por las

---

5   En el mismo sentido, aunque con una periodización y una reconstrucción diferentes, ver C. DE CABO MARTÍN, *Dialéctica del sujeto, dialéctica de la Constitución*, Barcelona, Trotta, 2010, p. 100.

transferencias de riqueza que produce el impuesto
progresivo en los modelos más avanzados de Estado
social, como en los países escandinavos. Algunos
trabajos han señalado oportunamente las características de este constitucionalismo social de *Welfare
State*[6]. Pero aun en este tipo de procesos se puede ver
lo que separa ambos polos: solo en los proyectos de
emancipación social la propiedad privada puede ser
suprimida o colocada en una función de dependencia
con respecto a la realización de los derechos sociales.
Los derechos sociales ocupan un lugar menos central
como fundamento democrático del constitucionalismo con respecto a otros dispositivos de protección
de derechos, en clave contramayoritaria.

La corriente emancipadora quedará sumergida, y
no irrumpirá en la superficie más que excepcional-
mente, una última vez con la Constitución portuguesa de 1976. Cuando se habla de una "segunda ola" de
constitucionalismo de posguerra se olvida siempre
la tensión entre los dos polos que se despliega en la
Península Ibérica en los años 1970, como un *revival*,

---

6   Para no alejarnos de la doctrina constitucional de lengua
    española, Carlos de Cabo circunscribe la especificidad de lo
    que llama el constitucionalismo de Estado social –de posguerra,
    agregaríamos nosotros– a dos tipos de interrelaciones. La
    interrelación socio-económica, que hace que la lucha de clases
    sea mediada a través del Estado, y la interrelación político-
    económica, que hace que el Estado intervenga en el proceso
    de producción y acumulación. C. de Cabo Martín, *Teoría
    constitucional de la solidaridad*, Madrid, Marcial Pons, 2006,
    pp. 48-49.

invertido, del choque de modelos de los años 1930.
Tal vez se podría incluso reconstruir la oposición en
términos constitucionalistas, a través de la confrontación de los conceptos de "constitución dirigente",
actualizado (y radicalizado) por la doctrina portuguesa en esos años, por un lado, y de "Estado social
de derecho", por el otro. Este último principio pasaba a ocupar con la Constitución española de 1978
un lugar más central que en el *Grundgesetz* de 1949,
acentuando las marcas de lo que Ernst Forsthoff había
llamado la defensa del *statu quo*, es decir un conjunto
de limitaciones a la intervención estatal en las esferas
económica y social propias del Estado de derecho[7]. La
Constitución portuguesa, en cambio, había ligado en
su artículo 50 la realización de los derechos sociales
con la transformación social, ya que la apropiación
colectiva de los principales medios de producción,
la planificación del desarrollo económico, e incluso
la democratización de las instituciones, "son las garantías y las condiciones necesarias a la realización"
de tales derechos.

---

7 El jurista alemán se equivocaba, en cambio, cuando hablaba
de "contradicción" con el principio de Estado social: la contradicción existía en un proyecto de emancipación, como cuando
surge en Weimar el concepto de Estado social de derecho,
pero no con el Estado social del *Welfare State* que era recogido
en la Alemania de la época. Para la evolución política de este
concepto, de Weimar a Madrid, ver C. M. HERRERA, "La social-démocratie et la notion d'État de droit à Weimar", trad. esp.
en Id., *Derecho y socialismo en el pensamiento jurídico*, cit.

Es sobre todo esta conexión entre intervención económica y derechos sociales (de los trabajadores) en que se fundaba el primer constitucionalismo social lo que se encuentra modificado de ahora en más. La Constitución española de 1978, ejemplo paradigmático de transtextualidad constitucional, nos sirve de síntoma: cuando recoge el artículo 3 de la Constitución italiana en su artículo 9.2, la remoción (*rimuovere*) de obstáculos, que eran de orden económico y social en el texto originario, no solo pierde su especificidad, sino que tampoco se hace ya referencia a "la participación efectiva de todos los trabajadores en la organización política, económica y social del país", contentándose con hablar de la "participación de todos los ciudadanos en la vida política". No por nada se establecía una clara distinción, a través de un recurso jurídico específico, entre los derechos de libertad y la mayor parte de los derechos sociales que incluían prestaciones materiales[8].

El modelo de Estado social de *Welfare* entra en crisis en los años 1970 y 1980, por razones diferentes pero convergentes: la crisis fiscal y energética, primero, y la globalización, después, terminan restringiendo su modalidad de intervención económica y

---

8   La Constitución de 1978 había retomado de la Constitución irlandesa de 1937 la idea de "principios directores de la política social", que, en este caso, iba hasta prohibir a los jueces aplicar estos principios, que eran destinados a la orientación general del Parlamento. En una constitución normativa, sin embargo, esta visión no pareciera más aceptable.

social[9]. Existió empero una tentativa de renovar desde adentro el modelo integracionista post 1945 con el programa del *New Labour* en Inglaterra en los años 1990. No tenemos espacio para explayarnos aquí sobre este intento; nos contentaremos con subrayar que lo hacía a través de una visión liberal de lo social, que ponía en tela de juicio incluso algunos principios del paradigma integracionista, como la ciudadanía social. Esta tendencia se encontrará también en la Unión Europea, y en su apropiación de viejos conceptos del ordoliberalismo alemán, como el de "economía social de mercado", que eran acogidos de manera entusiasta por las corrientes socialdemócratas en momentos en que se buscaba constitucionalizar un diseño institucional para la construcción comunitaria europea, sin lograr alcanzar empero un proyecto coherente y alternativo[10].

Pero desde un punto de vista puramente constitucionalista estábamos entrando ya en un nuevo período a partir de esos años 1990.

---

9   De manera general, la mundialización produce un conjunto de efectos que debilitan el constitucionalismo de Estado nación. Algunos conceptos, como *multilevel constitutionalism*, aparecen como la punta de esta problemática a nivel europeo, pero se desarrollan en ámbitos diferentes de los que estamos estudiando aquí.

10 Para una crítica, ver G. Maestro Buelga, "Estado de mercado y Constitución económica. Algunas reflexiones sobre la crisis constitucional europea", *Revista de Derecho Constitucional Europeo*, julio-diciembre, 2007, pp. 43-73.

II. El constitucionalismo transformador

La emergencia de un nuevo momento se hace visible más allá de los confines europeos, sobre todo en América Latina. Este nuevo proceso de constitucionalización que se inicia en los años 1990, pero que se acelerará sobre todo en la década siguiente, produce un conjunto de transformaciones importantes en aquel constitucionalismo integracionista, aun cuando se importen algunos de sus principales conceptos e instituciones, empezando por la referencia a un "Estado social de derecho", adoptado por un conjunto de constituciones (Colombia, 1991, Paraguay, 1992, entre las primeras recepciones).

Pero el proceso no se reduce al problema del constitucionalismo social, y concierne de manera más general a los fundamentos del constitucionalismo democrático. Estas evoluciones han llevado a algunos autores a proponer recientemente una distinción entre el "neo-constitucionalismo" que había surgido después de la experiencia del totalitarismo europeo, renovado una vez más en los años 1970 con el fin de los regímenes autoritarios del sur europeo, y lo que se denomina "nuevo constitucionalismo", latinoamericano ante todo, propio de otro tiempo y lugar, que sería una corriente en curso de conformación[11].

---

11 Ver R. Viciano Pastor y R. Martínez Dalmau, "¿Se puede hablar de un nuevo constitucionalismo latinoamericano como

A. El Estado social de derecho en transformación

Tal vez convenga detenerse un poco en el concepto clave del constitucionalismo social de *Welfare*, "Estado social de derecho", ya que si la expresión se expande, su significación se transforma. La comprensión del constitucionalismo de los años 1970 había quedado encerrada en las fronteras trazadas por una larga tradición doctrinal alemana y luego en la importante jurisprudencia de la Corte Constitucional de Karlsruhe. Las constituciones, con la promoción de nuevos recursos para la protección de derechos (como la llamada "acción de tutela" del derecho colombiano), y las sentencias de las jurisdicciones constitucionales que emergen en los años 1990 aportan, como hemos visto más arriba, otra visión del carácter de la obligación estatal y sus modos de intervención, y con ello, otra concepción de los derechos sociales.

Allí donde la Corte Constitucional alemana, en un conjunto de fallos importantes de los años 1970 y 1980, dejaba los derechos sociales en manos del legislador, habida cuenta de que el principio de Estado social no decía nada sobre los detalles de su misión, la Corte Constitucional colombiana consideraba que la constitución no era solo un "sistema de normas" que reflejaba la realidad, sino también que ella "pretende

---

corriente doctrinal sistematizada?", consultable en: http://www.juridicas.unam.mx/wccl/ponencias/13/245.pdf

modificarla de acuerdo con determinados valores".
"Bajo esta perspectiva –decía la Corte Constitucional
colombiana en la sentencia T-533 de septiembre de
1992–, el Derecho constitucional reconoce la existencia de factores reales de poder e interviene para
redistribuirlos en favor del bienestar general". Esto
permitía al juez constitucional determinar un conjunto de obligaciones del Estado en materia de derechos
sociales, tanto de carácter positivo como negativo[12].

Estas providencias producían una verdadera ruptura en materia de justicia constitucional, como lo
hemos argumentado más arriba, en la medida que
sus jueces realizaban una reinterpretación de la tradicional teoría de la separación de poderes, lo que
permitía afirmar su rol político en la democracia, y
un margen de decisión discrecional en materia de

---

12 La combinación de ambos aspectos aparece en derechos de
   prestación, como en el caso del derecho a la vivienda, en que
   la Corte Constitucional colombiana produjo una serie de fallos
   importantes donde declaró la inconstitucionalidad del sistema de financiación para compra de viviendas a largo plazo
   (C-700 de 1999 y C-747 de 1999). En una sentencia posterior
   (C-955 de 2000) la Corte estableció que por "ser el acceso a
   la vivienda digna un derecho de rango constitucional que el
   Estado debe hacer efectivo […] las tasas de interés aplicables
   […] no pueden ser pactadas por los contratantes en un plano
   de absoluta autonomía por cuanto su determinación según las
   fluctuaciones del mercado hace posible que las instituciones
   financieras, prevalidas de su posición dominante, impongan
   a sus deudores tasas y márgenes de intermediación excesivamente altos, haciendo nugatorios sus derechos constitucionales
   a la vivienda y al crédito".

políticas públicas, sobre todo en la materia social que nos ocupa, reconociendo una efectividad creciente a los derechos sociales, a través de la justiciabilidad de las obligaciones estatales. En el mismo sentido podía ser interpretada la ampliación de los recursos jurisdiccionales para la protección de derechos, donde cada vez se excluían menos los derechos sociales. Por importantes que fueran, estos cambios, sin embargo, no alteraban el modelo de integración social; como lo recuerda un agudo observador, "el sistema de derechos se vinculaba a una constitución económica carente de explícitas pretensiones dirigentes"[13].

Una evolución en esa dirección cobrará impulso al final de la década de 1990 y, sobre todo, entrados ya en el segundo milenio. Se puede considerar que el proceso venezolano que se inicia con la Constitución de 1999 abre el proceso, que alcanza sus puntos más altos de desarrollo con las constituciones de Bolivia y de Ecuador, y que tienen en común no solo una política de ampliación de derechos sociales, aun con respecto a otras constituciones contemporáneas, sino también su conexión con un modelo de transformación económica[14].

---

13 G. Pisarello, "El nuevo constitucionalismo latinoamericano y la Constitución venezolana de 1999, *Sin Permiso*, 2010. Incluso el artículo 58 de la Constitución colombiana de 1991, que preveía una expropiación sin indemnización, es suprimido con la reforma constitucional de 1999.

14 Se ha subrayado con razón que la Constitución brasileña de 1988 es un precedente inmediato de esta renovación, que quedó

Pero las nociones jurídicas, como ya sabemos, presentan una estabilidad formal particular, y esto aparece con mayor claridad en períodos de transición, donde las formulaciones no cambian enseguida. Si todavía la Constitución ecuatoriana de 1998 proclamaba, en su artículo 1.°, un "Estado social de derecho"[15], cuando hallamos la fórmula reproducida en la Constitución de Venezuela de 1999 (art. 2) encontramos también el agregado, que opera como un signo de cambio con respecto a la tradición latinoamericana que estaba consolidándose, "y de Justicia"[16].

---

opacada por los gobiernos neoliberales que dominan la región en los años 1990. Para un análisis de su contenido, ver el trabajo clásico de E. R. Grau, *A ordem econômica na constituição de 1988 (interpretação e crítica)* (1990), São Paulo, Malheiro, 2007, así como G. Bercovici, *Constituição econômica e desnvolvimento*, São Paulo, Malheiros, 2005. Sobre su evolución, G. Bercovici y L. F. Massonetto, "A constituição dirigente invertida: a blindagem da constituição financiera e a agonia da constituição econômica", *Boletim de Ciências Econômicas*, 2006.

15 Se reconocen luego, con una técnica muy depurada, y que va más allá de la dogmática de la Constitución española de 1978, los derechos económicos, sociales y culturales, que forman el Capítulo IV. En su interior encontramos 11 secciones, que retoman las distinciones entre derecho de la propiedad, del trabajo, de la familia, de la salud, de los grupos vulnerables, de la seguridad social, etc. Los derechos colectivos forman parte de la sección siguiente.

16 La Constitución venezolana distingue entre derechos sociales (art. 75-97) y derechos económicos (art. 112-118). El texto se mantiene vigente, aunque un conjunto de reformas, que tocan sobre todo a la limitación de la reelección presidencial y de

El proceso se acelerará en la década siguiente, comenzando justamente por Venezuela, cuyo Gobierno impulsará una reforma constitucional, donde se habla ahora de "Estado socialista". El proyecto proponía una serie de reformas del régimen socioeconómico y la función estatal en la economía, para alcanzar los objetivos socialistas (se restringen las garantías de la propiedad privada, que es reconocida junto a otras formas públicas, colectivas y sociales, y no se promueve la iniciativa privada), que no eran solo localizables en el área de la producción sino que presentaban también prolongaciones políticas. También se reforzaban algunos derechos sociales, en particular el derecho al trabajo. Tras ser aprobado en la Asamblea Nacional, donde el partido en el poder contaba con la totalidad de sus representantes, el proyecto será finalmente rechazado por referéndum en diciembre de 2007.

Pero la ruptura a nivel de la cultura constitucional se consolida en los procesos constituyentes que se abren en Bolivia y Ecuador. La Constitución ecuatoriana, aprobada definitivamente en septiembre de 2008, modifica ahora otros elementos. El Estado, sin duda para marcar no tan solo la novedad, sino también la ruptura con las formulaciones precedentes, es definido como "Estado constitucional de derechos y justicia, social, democrático…". El plural de

---

otros cargos electivos, ha sido finalmente aprobado por referéndum en diciembre de 2009.

"derechos" instaura ahora, desde mi punto de vista, una modificación importante, porque el liberal "Estado de derecho" no sobredetermina los elementos sociales o democráticos a partir de su componente de base, la limitación, sino que son los ciudadanos, a través de esos derechos reconocidos, quienes determinan su carácter (por la acción). Por cierto, la ambición del texto es mayor, y busca ampliar también la dogmática de esos derechos, como se expresa en el capítulo II, que desarrolla los llamados "derechos del buen vivir", traducción española de la noción quechua de *sumak kawsay*, y que comienzan por el derecho al agua y el derecho a la alimentación. Los derechos sociales "tradicionales" (como el derecho a la vivienda, a la salud, al trabajo y a la seguridad social) están incluidos dentro de esta categoría, en un conjunto de secciones respectivas. Siempre en la misma dinámica de ampliación, encontramos además la categoría de "derechos de la persona y de los grupos de atención prioritaria", que forman el capítulo III, donde se reúnen los derechos de ancianos, niños, mujeres embarazadas, discapacitados, enfermos portadores de enfermedades graves. Todos estos enunciados son concebidos como derechos fundamentales, en el sentido alemán, es decir son de aplicación directa e inmediata (art. 11.3), y, lo que es más importante, no solo ante el poder judicial.

Si la realización de estos derechos se afirma como "progresiva", a través de las normas, la jurisprudencia, y las políticas públicas", todos los derechos fundamentales son puestos al mismo nivel, sin distinción con base en el tipo de recurso de protección, como existía en el caso español. Tras la experiencia fundamental de la célebre "acción de tutela" del derecho constitucional colombiano, se extienden los recursos jurisdiccionales, con la llamada "acción de protección" (art. 88), que puede ser activada incluso ante particulares, a la que se suma la "acción de incumplimiento", oponible ante la Corte Constitucional, para garantizar la aplicación de las normas o las decisiones de justicia, no solo del sistema jurídico nacional, sino también internacional.

Conectado a esta política de derechos encontramos un fuerte desarrollo constitucional de la intervención económica, en la tradición de las constituciones dirigentes. En efecto, la noción de "Buen vivir" da lugar a un régimen separado, que contiene un conjunto de principios ligados directamente a la acción estatal. Se insiste en particular en un sistema nacional de planificación, que lleva a la creación de un Consejo Nacional de Planificación, que debe llevar adelante un plan nacional de desarrollo.

Muchas de las características descritas hasta aquí se hallan ya en la Constitución boliviana, cuyas principales líneas se encontraban redactadas en 2007, aunque fuera aprobada definitivamente, y tras algunos cambios, a principios de 2009, empezando por la referencia central al principio del "Buen vivir" que tiene aquí una traducción española algo diferente, el "vivir bien", ligada a otra noción quechua,

suma qamaña[17]. El Estado boliviano se define como
"Estado unitario social de derecho, plurinacional,
comunitario…" (art. 1). Con una técnica jurídica
más rupturista que la ecuatoriana, la Constitución
reconoce un conjunto muy amplio de derechos fundamentales y garantías, que retoma los derechos
sociales y económicos en el Capítulo V[18]. Por otro
lado, tenemos un bloque de derechos de las naciones
y los pueblos indígenas originarios y campesinos,
que alcanza un reconocimiento específico y separado, sin englobar a los primeros. Este largo catálogo
de casi 100 artículos (15 a 107), divididos en varias
categorías (fundamentales, civiles, políticos, sociales,
culturales, etc.), son declarados "inviolables, universales, interdependientes, indivisibles y progresivos"
(art. 13). Y, una vez más, directamente aplicables
(art. 109). El sistema se completa con un conjunto
de 6 acciones de defensa, algunas tradicionales (de
libertad, de amparo constitucional, de inconstitucionalidad, de privacidad), pero otras inéditas, siempre
en una óptica de asegurar el carácter normativo de

---

17 El artículo 8 explicita, de un lado, los principios éticos y morales
de la sociedad plural, que tienen raíces autóctonas y son promovidos por el Estado, y, del otro, los valores (occidentales
de algún modo) en los cuales se asienta el Estado.

18 Encontramos así el derecho al medio-ambiente, el derecho
a la salud y a la seguridad social, el derecho al trabajo y al
empleo, el derecho a la propiedad, derechos de la infancia,
la adolescencia y la juventud, derechos de la familia, de las
personas de edad, de las personas discapacitadas, derechos
de los detenidos, de los consumidores y usuarios.

la Constitución, como la "acción de cumplimiento" o la "acción popular".

Las nuevas constituciones de Ecuador (arts. 429 ss.) y de Bolivia (art. 178) introdujeron cortes constitucionales encargadas de adelantar un control constitucional especializado, como lo habían hecho ya las constituciones de Colombia y Sudáfrica. Los avances en materia social de estos nuevos tribunales constitucionales no solo han sido criticados desde un punto de vista conservador, también han sido vistos con malos ojos por ciertas corrientes progresistas del constitucionalismo norteamericano que temen el nacimiento de una aristocracia jurisdiccional que, con menor legitimidad democrática, reemplace al legislador. Aunque la discusión está fuertemente marcada por el modelo de la Corte Suprema norteamericana como intérprete último de la constitución, no es menos cierto que las instancias jurisdiccionales han carecido de la legitimidad eleccionaria con la que cuenta el Legislador. Pero justamente, aunque, de nuevo, no podemos entrar con más detalle en esta problemática, es preciso señalar que los tribunales plurinacionales de Ecuador y Bolivia intentan responder a estos interrogantes, con nuevas formas de organización. Por lo pronto, el Tribunal boliviano propone una forma de elección popular de los magistrados que es inédita en la tradición europea de justicia constitucional. Aunque la idea de la sumisión al poder político no es menos afirmada, incluso de manera algo ingenua con respecto al poder creador que conserva la interpretación de los jueces[19].

Lo dicho hasta aquí no debe llevar a pensar que una constitución se reduce al contenido de sus enunciados normativos; antes bien, es la práctica constitucional, en todos sus sentidos (que van desde el propio de la determinación de la significación de las normas por las autoridades competentes hasta el funcionamiento político y económico del sistema), la que determina también su contenido. Pero lo que nos interesa aquí es la reconstrucción que de tales enunciados normativos realiza el constitucionalismo, lo que nos autoriza cierta distancia con respecto a la eficacia propiamente dicha de las constituciones a las que nos referimos[20]. Por otro lado, hemos priorizado

---

19 La Constitución de Bolivia establece que "el Tribunal Constitucional Plurinacional aplicará como criterio de interpretación, con preferencia, la voluntad del constituyente, de acuerdo con sus documentos, actas y resoluciones, así como el tenor literal del texto" (art. 196.2).

20 Hoy, algunos promotores de la Constitución ecuatoriana denuncian la alteración de la esta, tanto con respecto a los proyectos de reelección indefinida del presidente Correa, que finalmente no se materializaron, como, sobre todo, por las elecciones económicas en favor del extractivismo, sin olvidar los conflictos abiertos con las organizaciones indígenas. Para el antiguo presidente de la Asamblea Constituyente la Constitución no fue finalmente una norma destinada a ser respetada, sino un instrumento más para la concentración del poder en manos de un caudillo. Ver A. ACOSTA, "A menos Constitución, más caudillismo: la necesidad de una decidida acción ciudadana", disponible en: http://lalineadefuego.

en nuestra rápida reconstrucción el lugar de lo social de cara a tres elementos (definición del Estado, ampliación de derechos y justicia constitucional), pero existen otras perspectivas, que son incluso priorizadas por sendos autores, ante todo, el principio de la plurinacionalidad –ambos Estados se definen como plurinacionales– y el reconocimiento que conlleva de las culturas e instituciones indígenas, o el vigor del feminismo.

B. Poder constituyente y nuevo constitucionalismo

Todo ello hace que quizás sea demasiado pronto para presentar una teorización con base en estas nuevas experiencias, o siquiera un relato completo de sus vicisitudes. Pero existe ya un conjunto de reflexiones que buscan reconstruir una suerte de "constitucionalismo del Sur", para utilizar una bella expresión de un constitucionalista español, Carlos de Cabo Martín, que marcaría una ruptura con la dirección actual del constitucionalismo, al menos europeo, pero también con respecto a su propia historia[21]. Y esta literatura

---

info/2014/08/15/a-menos-constitucion-mas-caudillismo-la-necesidad-de-una-decidida-accion-ciudadana-por-alberto-acosta1/ Ver también R. ÁVILA, "De la utopía de Montecristi a la distopía de la revolución ciudadana", en A. ACOSTA (ed.), *El correísmo al desnudo*, Quito, Montecristi Vive, 2013, pp. 70 ss.

21 El constitucionalismo del Norte y el del Sur estarían recorriendo caminos inversos: mientras durante mucho tiempo solo

debería alcanzar para discutir el problema de los fundamentos democráticos del constitucionalismo. En una primera presentación, de Cabo insistía en las innovaciones constitucionales que se sucedían desde los años 1990, en particular en materia de división de poderes, de multiplicación de mecanismos de participación y el reconocimiento de los sujetos colectivos de los derechos, incluyendo sus formas propias de producción normativa[22]. Más tarde subrayará que el proceso se definiría por una actualización del poder constituyente –noción que ya había sido rescatada, y reinterpretada por Toni Negri en un texto polémico[23]–, en una práctica especialmente democrática, que, justamente, no se agota en su momento fundante, sino que continúa su ejercicio, haciéndose de algún modo permanente. El soberano estaría así dentro de la constitución. Y esta coexistencia sería posible porque se trata de una constitución "de transición", hacia otro modo de producción. Este elemento, como lo hemos señalado en otro lugar, era central en el primer constitucionalismo social, en particular

---

el primero era normativo, y el segundo semántico, en materia de funcionamiento de los poderes y protección de derechos, asistiríamos ahora a un proceso inverso. Ver De Cabo Martín, *Teoría constitucional de la solidaridad*, cit., p. 13.

22 Ibíd., pp. 14-15.

23 Ver A. Negri, *Le pouvoir constituant*, Paris, puf, 1996. Para una discusión más amplia, en un marco constitucionalista, ver G. Bercovici, *Soberania e Constituição: para uma crítica do constitucionalismo*, São Paulo, Quartier Latin, 2010.

como se expresaba en la Constitución de Weimar. Pero en este nuevo avatar, que no solo busca superar este modelo sino también el de los textos constitucionales de posguerra, se refuerza la normatividad de la constitución, que de Cabo Martín ve reflejado, por ejemplo, en las directivas de interpretación de la Constitución de Bolivia ya recordadas.

Tal vez la tentativa más ambiciosa por teorizar el proceso en un nuevo concepto constitucional venga de Boaventura de Sousa Santos. El pensador portugués opone dos tipos de constitucionalismo: el constitucionalismo moderno y lo que llama el constitucionalismo transformador. Mientras que el primero habría sido según él concebido desde arriba, ante todo por las élites políticas, con el objetivo de crear un Estado homogéneo y centralizado, el constitucionalismo transformador parte siempre de la iniciativa de las clases populares, desde abajo, como una forma de lucha de clases, cuyo fin sería

> expandir el campo de lo político más allá del horizonte liberal, a través de una institucionalidad nueva (plurinacional), una territorialidad nueva (autonomías asimétricas), una legalidad nueva (pluralismo jurídico), un régimen político nuevo (democracia intercultural), y nuevas subjetividades individuales y colectivas (individuos, comunidades, naciones, pueblos, nacionalidades)[24].

---

24 B. DE SOUSA SANTOS, *Refundación del Estado en América del Sur. Perspectivas desde una epistemología de América del Sur*, Lima,

De manera general, se puede pensar que la definición del nuevo constitucionalismo tiene su núcleo
central en la noción de poder constituyente –quizás
convendría mejor hablar de *proceso* constituyente–,
que opera como el eje que permite desarrollar una
democracia participativa y avanzada. No por nada el
problema clave del nuevo constitucionalismo sería la
legitimidad democrática, y la constitución entendida
como "mandato directo del poder constituyente"[25].
Incluso, la extensión y el detalle de las constituciones
son vistos en función de asegurar la "permanencia
de la voluntad constituyente", limitando de algún
modo las posibilidades de acción de los poderes

Instituto Internacional de Derecho y Sociedad, 2010, pp. 71
ss. En verdad, desde un punto de vista histórico-teórico, las
diferencias aparecen menos claras, al menos durante los procesos revolucionarios de 1787 y 1789, sobre todo si se evita caer
en anacronismos. La tarea de construir Estados "monolíticos
institucionalmente y sociedades civiles homogéneas", a través
de las cuales de Sousa Santos caracteriza el primer constitucionalismo, y que aparece claro en el caso francés, obedece a
condicionamientos de la época. En cambio, la dominación de
una clase, o una raza, sobre otras, fue parte de ese proceso.

25 Viciano Pastor y Martínez Dalmau, ob. cit., p. 4. Como lo
escribe este último especialista del nuevo constitucionalismo
latinoamericano, el texto estaría "directamente vinculado a la
voluntad soberana del constituyente", superando en particular las cláusulas de intangibilidad de las viejas constituciones
formales. R. Martínez Dalmau, "El nuevo diseño institucional ecuatoriano. Democracia, funciones y legitimidad en la
Constitución ecuatoriana de 2008", *Ágora Política*, n.º 2, junio,
2010, p. 22.

constituidos. Sin contar, claro, con la marginación del poder constituyente derivado para modificar la constitución.

A diferencia de lo que ocurría en el primer rescate de la noción de poder constituyente, la nueva reflexión lo asocia estrechamente a los poderes constituidos, es decir al Estado. Este nuevo constitucionalismo conduce así a una reinvención o una refundación de Estado constitucional moderno: de Sousa Santos lo llamará "Estado experimental". En efecto, la crisis del neoliberalismo, que despliega sus efectos en el inicio del nuevo milenio, da al Estado una nueva centralidad. Pero se trataría aquí de otro tipo de Estado, no ya el viejo Estado-nación, que encerraría en su núcleo un carácter complejo, que lo lleva a hablar de una "centralidad regulada por el principio de la complejidad". Si el Estado-nación estaba fundado sobre la idea de homogeneidad social, la nueva centralización estaría basada en un principio de heterogeneidad social. Es la idea de diversidad que De Sousa Santos declina de diferentes modos. Tenemos, en primer lugar, la diversidad social, que implica el reconocimiento de la interculturalidad, de la plurietnicidad e incluso de la plurinacionalidad. Existe también una diversidad económica, que trae aparejado el reconocimiento de diversos tipos de propiedad (estatal, comunitaria, comunal, cooperativa e individual). Y por último, una diversidad política, que combina diversos tipos de democracia:

representativa, participativa, deliberativa, referen-
daria y comunitaria[26].

Dicha diversidad conduce a una transformación
del Estado-nación, sobre el que se había asentado
el viejo constitucionalismo. El nuevo Estado devie-
ne un "campo de experimentación institucional".
Así, diversas soluciones pueden coexistir, ya que
las "prestaciones de bienes públicos, sobre todo en
materia social, pueden tomar formas diversas". En
especial, decidirse por una de ellas es tarea de los
ciudadanos, pero debe basarse sobre la eficacia y
las cualidades democráticas experimentadas. De
hecho, en aquellos campos donde su eficacia pudo
ser demostrada, el Estado continuaría su acción. En
cambio, en las áreas donde aquella se ha mostrado
impotente, como también en los nuevos campos, se
debería respetar el principio de experimentación
controlada democráticamente. Esta experimentación
política supone tres principios. Para ser evaluada
eficazmente, la experimentación exige combinar las
diversas formas de ejercicio del poder democrático
(representativa, participativa, comunitaria, etc.). El
segundo principio es que cada una de las soluciones
institucionales debe gozar de condiciones iguales de
desarrollo dentro de su propia lógica. Finalmente,

---

26 B. de Sousa Santos, "Pourquoi Cuba est-elle devenue un
   problème difficile pour la gauche?", *Mouvements*, 31 de mayo
   de 2009, disponible en: http://www.mouvements.info/Pour-
   quoi-Cuba-est-devenu-un.html

el Estado debe garantizar los niveles mínimos de inclusión que permitan a los ciudadanos ejercer el control y la evaluación de los proyectos alternativos.

Estos principios se aplican en particular a la idea de constitución, ya que de Sousa Santos propone que la norma suprema tenga un horizonte de validez limitado, que cifra incluso en un corto período de cinco años, al término de los cuales el poder constituyente sería reabierto, para corregir los errores. Algo de ello ha ocurrido con las constituciones de Venezuela, Ecuador y Bolivia, que han dado lugar a cambios presentados luego a la votación popular. Esta particularidad es asociada al carácter democrático de la constitución (amén del talante experimental del Estado), ya que para de Sousa Santos limitar el período de validez presenta la ventaja de no hacer del texto la codificación de vencedores o perdedores definitivos.

La visión del constitucionalismo del Sur o constitucionalismo transformador implica una revalorización, si no del concepto de poder, al menos del *proceso constituyente* como vector de la democratización. Incluso, dejaría de ser un concepto externo, para operar desde la normalidad del propio sistema constitucional. Ahora bien, ¿cómo se inscribiría esta evolución con respecto al constitucionalismo social en sentido estricto, en particular en lo que atañe a los fundamentos del constitucionalismo democrático que él había priorizado? Esta cuestión dará forma a nuestras conclusiones, aunque valga aclarar que nuestra reconstrucción en términos de contenido social de las constituciones se ha hecho solo mediante tres elementos (definición del Estado, reconocimiento de derechos, justicia constitucional), dejando de lado otros, como el carácter plurinacional del Estado, el reconocimiento de las culturas de los pueblos autóctonos, o incluso la nueva centralidad dada a las cuestiones de género.

*

Si las diferencias son fácilmente identificables en lo que hace al marco estatal presupuesto en el nuevo constitucionalismo, no cabría, creo, hablar de ruptura con respecto a la tradición del constitucionalismo social, al menos en el sentido estricto que le hemos dado. Por lo pronto, el dispositivo del constitucionalismo social que hemos puesto a la luz no desaparece, aunque se ha tornado más complejo, al menos en dos de sus vértices. Incluso su carácter universal se refuerza con la enunciación de un principio como el del llamado "Buen vivir", y, más aún, por la extensión de las garantías de protección de los derechos a todos ellos. Esta universalización y, en consecuencia, el carácter "fundamental" dado a los derechos sociales explican el lugar central que se le da ahora al juez, aunque la presencia de un Estado intervencionista es igualmente reforzada. Ciertamente, la problemática es ampliada, y lo social no se liga únicamente a la pobreza, como en el siglo XVIII, o a la actividad industrial y económica como aparece en el siglo XIX, o a la corrección de la redistribución de bienes por el mercado como terminó por reducirse en la posguerra, sino también a las demandas de los pueblos autóctonos, a las identidades étnicas y de género y a la organización de la sociedad sobre una base plural. No por nada se ha hablado de ruptura de paradigma, en particular en materia económica, dejando atrás el modelo desarrollista. Pero esta ruptura es externa, no interna, en referencia al constitucionalismo social.

Aun ampliado, el elemento "social" se configura en la constitución nuevamente en clave emancipadora[27]. La noción de "Buen vivir", en la pluralidad de sus interpretaciones, aparece como el vector de ese resurgimiento. Nos detendremos únicamente en la literatura –ya de por sí abundante– dedicada a esta noción sin duda ambigua en la Constitución ecuatoriana, donde es considerada a la vez como principio de legitimidad constitucional del accionar del Estado y como objetivo estratégico. Como vimos, el principio de *sumak kawsay* da lugar, a la vez, a "derechos", en su parte dogmática, y a "regímenes", en su parte orgánica. Es este último aspecto el que presenta mayor complejidad, ya que tenemos

---

27 "El orden social que propone la Constitución es uno en el que se pretende alterar el sistema que crea y reproduce una sociedad y un estado en el que hay élites, los mejor situados, y la gran mayoría, que son los peor situados. En esta lógica, la Constitución no es libertaria sino evidentemente igualitarista y promueve una distribución de bienes y chances sociales". R. Ávila Santamaría, *El neoconstitucionalismo transformador*, Quito, Abya-Yala, 2011, p. 162.

un llamado régimen de desarrollo, que garantiza la realización del buen vivir (art. 265), y un "régimen del buen vivir" propiamente dicho, formado por "un conjunto organizado, sostenible y dinámico de los sistemas económicos, políticos, socioculturales y ambientales" (art. 275).

Antes de ser constitucionalizado, el concepto contaba ya con una cierta tradición en planteos favorables al rescate de las cosmovisiones andinas, a la promoción de modos de desarrollo alternativo e incluso a una renovación del ideario socialista. Fueron las organizaciones indígenas reunidas en la Confederación de Nacionalidades Indígenas del Ecuador (CONAIE) las que lo presentaron como propuesta en los debates de la Constituyente de 2007[28]. Adoptado por la Asamblea de Montecristi, buscaba integrar, en palabras de un constituyente, "la necesidad de viabilizar la plena vigencia de los derechos económicos, sociales, y culturales, para que

---

28 D. CORTEZ. "La construcción social del 'Buen Vivir' (Sumak Kawsay) en Ecuador. Genealogía del diseño y gestión pública de la vida", *Programa Andino de Derechos Humanos*, 2009, p. 5. Para su significación propiamente indígena en la cultura andina, ver C. SILVA PORTERO, "¿Qué es el buen vivir en la Constitución?", en R. ÁVILA SANTAMARÍA (ed.), *La Constitución del 2008 en el contexto andino. Análisis desde la doctrina y el derecho comparado*, Quito, Ministerio de Justicia y Derechos Humanos, 2008, sin que se eviten en dicho trabajo los razonamientos circulares (el *sumak kawsay* sería "el buen vivir que se alcanza mediante el equilibrio entre el sentir y el pensar bien, que se traduce en un actuar bien", p. 122).

esas potencialidades y capacidades se desarrollen plenamente". Según N. Wray,

> el 'Buen Vivir' presupone que el ejercicio de los derechos, las libertades, capacidades, potencialidades y oportunidades reales de los individuos se amplíen de modo que permitan lograr simultáneamente aquello que la sociedad, los territorios, las diversas identidades colectivas y cada uno –visto como ser humano y particular a la vez– valora como objetivo deseable[29].

Se ha insistido con razón en la ruptura que representa con respecto al Estado social del *Welfare*, representado por la noción alemana de *Daseinsvorsorge*, dando lugar a un Estado social de nuevo tipo, "activo, participativo y comunitario". La originalidad residiría no solo en la constitucionalización de derechos sociales nuevos, sino en su forma solidaria y comunitaria. En síntesis, se trataría de un modelo constitucional "de omnicomprensión social e implicación individual y colectiva", que daría un "constitucionalismo social extenso, garantista, sincrético, reglamentarista cuasi-administrativo y participativo"[30]. Profundizando esta línea de

---

29 N. WRAY, "Los retos del régimen de desarrollo. El Buen Vivir en la Constitución", en A. ACOSTA y E. MARTÍNEZ (eds.), *El Buen Vivir. Una vía para el desarrollo*, Quito Abya-Ayala, 2009, pp. 54-56.

30 F. PALACIOS ROMEO, "Constitucionalización de un sistema

interpretación, algunos comentadores sugieren incluso una distinción entre derechos sociales y derechos
del buen vivir, que pasaría por la existencia de un
régimen específico, pero también por una ampliación[31]. Yendo más lejos, aunque insistiendo siempre
en su especificidad, se ha visto en el principio una
forma nueva de socialismo, "biosocialismo republicano", que constituiría una sociedad "igualitaria
en la (bio)diversidad, basada en la solidaridad y la
cooperación"[32]. Finalmente, otros autores, en cambio,
han relacionado el sistema de *sumak kawsay* con la vieja tradición europea del socialismo autogestionario y

integral de derechos sociales. De la *Daseinsvorsoge* al Sumak
Kawsay", en R. Ávila Santamaría, A. Grijalba Jiménez y R.
Martínez Dalmau (eds.), *Desafíos constitucionales. La Constitución ecuatoriana de 2008 en perspectiva*, Quito, Ministerio de
Justicia y Derechos Humanos, 2008, pp. 46-47.

31 Así el derecho al agua, el derecho a la alimentación, el derecho a
un ambiente sano, el derecho a la comunicación e información,
el derecho al hábitat y a la vivienda, entre otros, tendrían una
especificidad en el nuevo texto constitucional, y en particular
una mayor amplitud, relacionada con su régimen. Ver Silva
Portero, ob. cit., p. 131. La argumentación parece sin embargo
un tanto endeble, porque se basa en una visión reductora de
los derechos sociales, sobre todo en referencia a la Constitución
ecuatoriana de 1998.

32 R. Ramírez Gallegos, *Socialismo del sumak kawsay o biosocialismo republicano*, Quito, Secretaría Nacional de Planificación
y Desarrollo (Documento de trabajo n.º 2), 2010, p. 44. Ver
también los estudios reunidos en *Los nuevos retos de América
Latina: socialismo y sumak kawsay*, Quito, Secretaría Nacional
de Planificación y Desarrollo, 2010.

pluralista, representada por autores como Proudhon y Gurvitch[33].

Aquí no me interesa tanto discutir la justeza de estas interpretaciones respecto de una noción tan general, sino subrayar la ruptura que implica en relación con el modelo del *Welfare State*. Por cierto, la noción de vida plena supera una dimensión propiamente social, según algunos comentadores, ligada a sus proyecciones en el orden de la naturaleza, en sentido biocéntrico. Del mismo modo, se insiste en la dimensión comunitaria de la noción –el propio Estado ecuatoriano es definido como tal en el artículo 1.° de la Constitución de Montecristi–, que deriva de una visión de armonía no solo social sino también con la tierra.

Queda claro, en todo caso, que lo social del constitucionalismo, ligado en sus orígenes a los trabajadores y al sindicalismo[34], se retraduce aquí, e incluso se podría decir que se disuelve en una democratización radical, pero al mismo tiempo compleja (en la medida que asume la diversidad étnica o de género), de las

---

33 PALACIOS ROMEO, ob. cit., p. 55. El autor incurre posiblemente en un contrasentido al asociarlo con Carl Schmitt. Para esta tradición, ver C. M. HERRERA, "Les droits sociaux, entre démocratie et droits de l'homme", Introducción a G. GURVITCH, *La Déclaration des droits sociaux* (1946), Paris, Dalloz, 2009, pp. V-XXII, y C. M. HERRERA, "Droits sociaux et politique chez Georges Gurvitch", *Droit et société*, n.° 94, 2016, pp. 513-524.

34 C. M. HERRERA, "Comment le social vient au constitutionnalisme – entre droits et État", en HERRERA (ed.), *La Constitution de Weimar et la pensée juridique française*, cit.

relaciones sociales. Sin confundirse en un plano histórico, este nuevo constitucionalismo conduce a una revalorización de lo que nosotros hemos llamado el polo de emancipación del constitucionalismo social.

La reconstrucción de estos procesos en términos de Teoría constitucional supone cierta distancia con respecto a la eficacia propiamente dicha de las constituciones. Al menos esto aparecería necesario para evocar una cuestión compleja: el nivel de ruptura que este nuevo constitucionalismo latinoamericano presenta con el populismo constitucional que hemos estudiado más arriba.

Como lo acabamos de ver, las nuevas constituciones han insistido, de manera perfectamente consciente, en las diferencias que sus normas implicaban con respecto al Estado social de derecho de la tradición europea. Esta distancia parece clara, incluso en lo que atañe al lugar del juez, constitucional en particular, en la protección de los derechos sociales. ¿Pero cuál sería el nivel de ruptura en términos de intervencionismo estatal? Se ha podido constatar que estas constituciones conservan un lugar predominante al poder ejecutivo, lo que las experiencias posteriores a la promulgación de los textos ha confirmado con creces, dando lugar a la multiplicación de procesos de revisión para asegurar la reelección promovidos por los presidentes en el poder, siempre con un fuerte apoyo popular[35]. Se puede dejar en suspenso la signi-

---

35 Roberto Gargarella ha defendido la idea de que la estructura y

ficación de estas permanencias sin duda importantes desde una perspectiva democrática. Pero conviene en cambio preguntarse si el lugar de los derechos sociales en las nuevas constituciones, aun produciendo cambios evidentes en las sociedades respectivas en lo que concierne a los niveles de pobreza, educación, etc., implica igualmente una ruptura con el Estado social del populismo.

Ahora bien, se puede constatar que las formas corrientes de intervención social privilegian programas controlados por el Ejecutivo, en particular por la concesión de prestaciones bajo la forma de bonos. Por cierto, los derechos de ayuda social ocupan un lugar diferente del que tenían en sus orígenes en los Estados europeos de Bienestar donde eran marginales con respecto a la seguridad social, antes de que la crisis les diera una centralidad mayor. En efecto, en sociedades que conocen altísimas tasas de desigualdad, estas formas de intervención pueden producir modificaciones inmediatas apreciables,

---

la organización del poder de las nuevas constituciones latinoamericanas reproducen en lo esencial aquellas formas del constitucionalismo del siglo XIX. Un verdadero constitucionalismo transformador debería introducir las reivindicaciones sociales y populares en la *Engine Room* de la Constitución. Al final, los cambios innegables introducidos por las nuevas constituciones serían menos importantes que la conservación de los marcos del viejo constitucionalismo. Ver R. GARGARELLA, "El 'nuevo constitucionalismo latinoamericano': un constitucionalismo que no termina de irse", *Seminario Latinoamericano de Teoría Constitucional y Política* (SELA, Yale Law School), 2015.

como instrumentos de redistribución de bienes y
recursos, lo que ha ocurrido en esos países en materia de analfabetismo, acceso al agua y extensión de
los sistemas de protección de la salud. En algunos
casos, incluso, estas modalidades se acompañan
de una política de distribución de tierras, con es
el caso de Bolivia, aunque el lugar de las agencias
estatales en ese diseño no conduce necesariamente
a la emancipación social, como ya lo mostrara la experiencia de México bajo la presidencia del general
Cárdenas, en los años 1930. Y las críticas no faltan
para denunciar lo que se revela a menudo como un
nuevo avatar de desarrollismo, basado en el control
de la renta minera y petrolera como principal fuente
de recursos, una política que no es solo dependiente de
las fluctuaciones de los mercados internacionales,
sino que se aleja radicalmente de algunas de las
formas alternativas de producción que se proponían
las constituciones[36].

---

36 Para un análisis de Bolivia, ver M. SVAMPA, "Bolivia, modelo
2013, en perspectiva", *Sin Permiso*, 12 de mayo de 2013. Según
esta socióloga, el proyecto encerraba en sí mismo dos dimensiones de cambio en tensión. Y si no se puede negar que la
constitucionalización de derechos ha podido dar un poder
importante a las organizaciones sociales, se produjo una
transferencia de la conducción del movimiento en la persona
del presidente Evo Morales, que ejerce un tercer mandato
seguido, tras haber obtenido en las elecciones de octubre de
2014 el 60% de los votos. Todos los observadores subrayan un
crecimiento económico sin precedentes y la baja de los índices
de pobreza extrema. Ver P. STEFANONI, "Evo, el ex villano",

No es una casualidad tampoco si se ha utilizado el término "tecnopopulismo" para describir el estilo de gobierno ecuatoriano, y en particular sus políticas sociales[37]. En efecto, en la larga tradición latinoamericana de reflexión sobre el concepto de populismo, se insiste hoy en una reconstrucción más precisa en términos históricos. Se hablará así de "populismo de clase", para describir la experiencia de Hugo Chávez en Venezuela, una modalidad que reproduciría un tipo de proceso similar al vivido por Argentina en los tiempos del primer peronismo[38], del que ya hemos visto más arriba alguna de sus peculiaridades constitucionales. Más allá de algunas variantes, se encuentran puntos de contacto con la matriz populista de

---

Sin Permiso, 19 de octubre de 2014. El autor subraya que los ocho años de ejercicio del poder por parte del presidente Evo Morales han dejado atrás las perspectivas de un indigenismo radical, de anticapitalismo y de socialismo comunitario, en favor de un horizonte de inclusión social, por intermedio del mercado, de la expansión del consumo y de una movilidad social ascendente.

37 C. DE LA TORRE, "El tecnopopulismo de Rafael Correa. ¿Es compatible el carisma con la tecnocracia?", en *El correísmo al desnudo*, cit., p. 46.

38 "La polarización no es meramente discursiva sino que refleja de modo contundente la confrontación entre clases sociales diferentes". Ver M. SVAMPA, "El dilema del populismo plebeyo", *Revista Ñ*, 20 de marzo de 2013. Pero como la socióloga lo admite, "la mayoría de las organizaciones populares fueron creadas desde arriba, dependen del financiamiento gubernamental y tienen dificultades para posicionarse de forma independiente".

los años 1930-1950, como la afirmación de la Nación, un Estado redistribuidor pero a su vez conciliador, el liderazgo carismático de un militar, y la movilización de las masas, lo que terminó por constituir un proceso marcado por la personalización de su dirección y la tutela del Estado[39]. A decir verdad, el primer constitucionalismo social ubicaba también al Estado en el centro del proceso, como instrumento de cambio económico y social, pero insistiendo a su vez, al menos en Weimar, en la democratización de los mecanismos de decisión, por la emergencia de nuevas instituciones político-sociales, dotadas de autonomía legislativa.

La experiencia del nuevo constitucionalismo no parece desmentir la tesis del potencial transformador del populismo constitucional. Si este dilata los límites de la lógica de integración, no rompe sin embargo con ella, lo que siempre ha limitado, al menos en el pasado, el carácter y la permanencia de las transformaciones sociales que estas constituciones pretenden expresar.

Al observar en los desarrollos latinoamericanos el lugar que conserva el Estado en materia social –en el sentido más burdo de poder ejecutivo–, se toma conciencia de que lo que presentara de específico el constitucionalismo moderno, es decir la limitación

---

39 Ver M. Svampa, "Movimientos sociales, matrices socio-políticas y nuevos escenarios en América Latina", *OneWorld Perspectives* (Working Papers 01), Universität Kassel, 2010, p. 8.

del poder, no ha perdido su vigencia en las sociedades plurales. Si los derechos sociales son algo más que un fundamento del constitucionalismo democrático, el constitucionalismo no es algo menos que la política. Un constitucionalismo social, que asuma política-mente la significación histórica de ambos términos, conserva todavía toda su actualidad como proyecto.

CAPÍTULO OCTAVO
ENTRE DERECHO CONSTITUCIONAL Y DEMOCRACIA: EL CONCEPTO DE CONTRAPODERES SOCIALES

Ce que j'ai dit là n'est pas « ce que je pense »,
mais souvent ce dont je me demande
si on ne pourrait pas le penser.
MICHEL FOUCAULT

El concepto de contrapoderes ha variado en el tiempo. Su origen es sin duda liberal, y su expresión clásica ha podido ser señalada a menudo en Montesquieu y su célebre fórmula *"pour qu'on ne puisse abuser du pouvoir, il faut que, par la disposition des choses, le pouvoir arrête le pouvoir"*[1], aunque tiene orígenes más remotos. En todo caso, en la frase de Montesquieu quedaba clara la naturaleza institucional de esos contrapoderes, que fueron la base, ya en el marco de una concepción política que terminará identificándose

---

1 MONTESQUIEU, *De l'esprit des lois*, libro XI, cap. IV.

más tarde con el liberalismo, de una serie de diseños constitucionales.

Si la idea de limitación del poder (político) es en efecto consustancial al liberalismo, este encierra sin embargo dos modalidades distintas, según se coloque en el centro de su modelo de organización social la idea de contrapoderes o se prefiera confiar en el principio del libre mercado. Como lo sostuviera Bernard Manin hace ya tiempo, la idea de contrapoderes forma parte de un tipo de liberalismo que puede distinguirse de aquel otro basado en reglas nacidas del mercado. Mientras este último busca confinar la acción del poder político a partir de una esfera *a priori*, dada una vez y para siempre, encarnada por el mercado, del cual surge espontáneamente una regla, el "liberalismo de los contrapoderes" busca delimitar el poder a partir de un sistema institucional de pesos y contrapesos, sin necesidad, como ocurre en el "liberalismo de las reglas", de dar prioridad cronológica a los derechos con respecto al Estado. La limitación, en este caso, no procede de la regla sino del juego de las fuerzas sociales, de sus conflictos, de sus equilibrios; en suma, depende no de una regla sino de otro poder, es un producto de la interacción entre poderes[2]. Si ambas visiones son liberales, el tipo de relación que se establece con el mercado (y por ende, con la protección del derecho de la propiedad o

----

2   B. MANIN, "Les deux libéralismes: marché ou contrepouvoirs sociaux", *Interventions*, 9/1984, pp. 14, 19.

la libertad contractual) no tiene el mismo estatuto. O, para decirlo de otro modo, la idea de contrapoderes no está ligada genéticamente a la idea de mercado, y las limitaciones no van en un sentido único, en el que la esfera privada aparece como el alfa y el omega del sistema[3]. Más aún, en la medida que no encierra la idea de libertad en un principio de no interferencia, este liberalismo habilita las vías para otras evoluciones, como por ejemplo las tematizadas por las corrientes neo-republicanas actuales.

Aunque los constitucionalistas no parecen ser siempre conscientes de ello, la mutación de la noción de contrapoderes ha seguido la evolución constitucional, de manera que pueden encontrarse en la historia una serie de variantes: así como tenemos una idea liberal de contrapoderes, tenemos también una idea republicana y una idea social. Se podría decir que la significación política de los contrapoderes solo puede determinarse en función de una situación histórica dada. Quizás esto explique por qué, pese a que la expresión es omnipresente en cierto sentido común constitucionalista (que lo asocia a la separación o a la división de poderes), la doctrina francesa de Derecho

---

3 Algunos autores afirman, al contrario, que la cuestión de los contrapoderes es una temática del neoliberalismo, o al menos activada por él. Para S. Milacic, la noción, como referencia cultural, condensa los valores y las técnicas del neoliberalismo ("Le contre-pouvoir, cet inconnu", en *Études à la mémoire de Christian Lapoyade-Deschamps*, Bordeaux, 2007, p. 696). Esta idea es contestable, incluso desde un punto de vista histórico.

constitucional se ha mostrado reticente al concepto de contrapoderes, que aparece en sus desarrollos como mero avatar de la teoría de Montesquieu. Por un lado, se distingue entre diversas formas sociales de expresión de demandas (entre los que se incluye a la prensa y a la opinión pública, pero también a los sindicatos o las iglesias) y contrapoderes institucionales (donde sobresalen los partidos políticos de oposición), pero finalmente solo se reconoce como tales a estos últimos, como si la participación política de los ciudadanos únicamente pudiera darse en ese marco[4].

Nada impide, sin embargo, tomar otra vía para determinar cuál es el significado de la idea de contrapoderes en el derecho constitucional hoy, o al menos alguno de sus sentidos, en un doble contexto, que coloca a la noción en un variado cruce de direcciones. Tenemos, por un lado, el contexto –en sí mismo complejo, ya que es social, político, cultural y sobre todo económico– de lo que se ha llamado la "mundialización", esta nueva aceleración del capitalismo mundial, de la que nos interesa solamente subrayar aquí una dimensión: la relativa contracción del Estado como marco para asumir las demandas sociales y económicas que había tomado como propias al

---

4   Un ejemplo de este razonamiento en P. Avril, "Les contre-pouvoirs institutionnels", *Projet*, n.º 150, 1980. Estos grupos no tendrían poder, entendido en sentido jurídico, sino solo influencia, que se articula a través de los partidos políticos (pp. 1190-1191).

menos desde finales de la Segunda Guerra Mundial. Pero tenemos también un segundo contexto, constitucional, que también se muestra en evolución, en particular con lo que respecta al lugar central dado a los tribunales supremos o cortes constitucionales para la resolución de un conjunto de situaciones que tocan esferas mucho más amplias que los conflictos normativos tradicionales, como ya hemos visto más arriba, dejando cada vez más atrás la vieja idea de cuestiones políticas no justiciables.

En la intersección de ambos contextos encontramos justamente un conjunto de movimientos de protesta y/o resistencia contra la situación económica y política que se agrupan bajo la apelación de "indignados". Si los objetivos son muy distintos, casi tanto como los países donde se ha creído poder identificar el fenómeno (Egipto, Túnez, España, Grecia, Israel, Chile, Estados Unidos, Quebec, y más recientemente Brasil, Turquía o aun Corea del Sur…), se ha subrayado, incluso por parte de sus propios protagonistas, una modalidad, si no común, al menos muy cercana, que incluye, entre otros aspectos, la ocupación de lugares públicos, el funcionamiento democrático-consensual y directo, la utilización de las nuevas tecnologías de internet, etc. Y en estas prácticas se puede hallar quizás la emergencia de un nuevo tipo de contrapoder.

Al proponer examinar el movimiento de los indignados bajo la óptica de los contrapoderes no buscamos enunciar una perspectiva prescriptiva, sino más bien adoptar un enfoque descriptivo, necesariamente parcial: qué son o han sido en la realidad, no necesariamente a qué deben aspirar, y ni siquiera a qué aspiran. En efecto, se encuentra en muchos de sus manifiestos, y sobre todo en algunos textos escritos en su apoyo por intelectuales críticos reconocidos (como Michael Hardt y Toni Negri, Judith Butler, David Harvey o Slavoj Žižek[5]), una relectura en términos de fundación de una *nueva* sociedad, una *nueva* práctica política, una *nueva* democracia ("real", "directa"). Muchos de estos análisis se encontraban ya en momentos de la irrupción de los movimientos piqueteros en Argentina a principios del año 2000, o antes con el "altermundialismo" y sus contra-cumbres a partir de Seattle, en 1999. Pero lo cierto es que estos movimientos no produjeron esa nueva forma política tan deseada. Sin embargo, en los hechos actúan, o al menos así pueden ser leídos, como *nuevos* contrapoderes.

En las páginas que siguen, nos proponemos pues adelantar una primera reflexión sobre un avatar de la idea de contrapoderes en la actualidad, que designaremos como "contrapoderes sociales". Actualidad social o política, pero también actualidad constitucional: la noción de contrapoderes sociales, en la medida que implica –como lo escribía Michel Foucault treinta años atrás a propósito del poder– tomar las formas de resistencia como punto de partida para

---

5   Para un panorama de esta literatura, ver, en francés, *Indignés! D'Athènes à Wall Street, échos d'une insurrection des consciences*, Paris, Contretemps, 2012.

evitar la ontologización de un objeto, puede ofrecer otro punto de vista sobre el constitucionalismo de hoy. Un punto de vista que asume, incluso epistemológicamente, su condición de discontinuidad con una tradición bien establecida, al menos en Francia. Un constitucionalismo de los márgenes.

*

Existe un extendido consenso para hallar un hilo conductor entre la revuelta de los jóvenes tunecinos iniciada tras la inmolación por el fuego de Mohamed Bouazizi, en diciembre de 2010, y los movimientos de ocupación de lugares públicos y manifestaciones de protesta que se multiplicarían a lo largo del año 2011 en El Cairo, Atenas, Madrid, Tel Aviv, Santiago de Chile o Nueva York, y que presentarían al año siguiente nuevas expresiones en Estambul o San Pablo, por citar solo aquellos lugares donde las movilizaciones alcanzaron un carácter más importante. Como se sabe también, en el caso de Egipto y Túnez, las protestas terminaron produciendo la caída de regímenes autoritarios instalados en el poder desde hacía décadas, abriendo un proceso democratizador que aún no ha terminado y cuya significación parece difícil de determinar hoy. Se han propuesto así un conjunto de apelativos para aprehender el movimiento, como "insurrección de las consciencias", o más sintéticamente, "indignados", utilizando la denominación que se dio el movimiento español

para definir una corriente de más amplios alcances
geográficos[6].

No es este el lugar para entrar en el análisis de
estos hechos desde un punto de vista general que
busque dar una interpretación de conjunto, para la
cual tal vez sea incluso demasiado pronto. En este
plano, nos contentaremos con marcar una especificidad, para los fines de nuestra investigación, de
los hechos ocurridos en aquellos países que gozan,
con las limitaciones del caso, del reconocimiento de
derechos democráticos y libertades públicas –el movimiento de los "indignados" propiamente dicho–,
por un lado, y lo que se ha llamado "la primavera
árabe", que tiene características y alcances a mi modo de ver bastante diferentes, por el otro. Aunque
en ambos procesos se encuentre una reivindicación
de la democracia, el significado del reclamo no es
comparable en sentido estricto.

Ahora bien, cuando se analizan los distintos manifiestos producidos por los movimientos de indignados y "Occupy" –textos cortos, como formateados

---

6   Así como la lengua española dio al mundo el concepto de
     "guerrillero", tal vez estemos asistiendo a la creación de una
     nueva categoría, aunque también aquí es muy pronto para sacar
     conclusiones definitivas. Recordemos que la expresión había
     aparecido poco antes en un librito de un antiguo miembro de
     la *Résistance* que formó parte luego de la comisión redactora
     de la Declaración Universal de los Derechos Humanos de
     1948, Stéphane Hessel, *Indignez-vous!*, publicado en francés
     en octubre de 2010, que tuvo un enorme éxito de ventas y fue
     traducido a más de 30 idiomas.

para las redes sociales o la lectura en soportes elec-
trónicos–, la palabra "derechos" es omnipresente[7]. Y
no solo eso, también puede encontrarse en un lugar
central la reivindicación de la Constitución contra
los poderes económicos[8], o incluso la exigencia de
"efectiva separación de poderes ejecutivo, legislativo y judicial"[9], algo inimaginable en las reivindicaciones de los grupos revolucionarios de otrora o

7   Por ejemplo, las llamadas "Proposiciones de la Asam-
    blea de la Puerta del Sol", del 20 de mayo de 2011, exigen
    en su segundo punto "Atención a los derechos básicos y
    fundamentales recogidos en la Constitución como son:
    - Derecho a una vivienda digna, articulando una reforma de la
    Ley Hipotecaria para que la entrega de la vivienda en caso de
    impago cancele la deuda". Una perspectiva más amplia aparece
    en el manifiesto "¡Democracia real ya!", de los ocupantes de
    la Plaza del Sol, donde se lee: "Existen unos derechos básicos
    que deberían estar cubiertos en estas sociedades: derecho a la
    vivienda, al trabajo, a la cultura, a la salud, a la educación, a
    la participación política, al libre desarrollo personal, y dere-
    cho al consumo de los bienes necesarios para una vida sana y
    feliz". De manera más general, el manifesto "United for Global
    Change", del 15 de octubre de 2011, propone: *From America
    to Asia, from Africa to Europe, people are rising up to claim* their
    rights *and demand a true democracy. Now it is time for all of us to
    join in a global non violent protest"*.
8   En las "Proposiciones de la Asamblea de la Puerta del Sol" se
    puede leer: "Medidas plurales con respecto a la banca y los
    mercados financieros en cumplimiento del artículo 128 de
    la Constitución, que determina que 'toda la riqueza del país
    en sus diferentes formas y sea cual fuere su titularidad está
    subordinada al interés general'".
9   Punto 13 de las "Proposiciones de la Asamblea de la Puerta
    del Sol".

incluso de los más recientes movimientos sociales de los años 1960.

Estos nuevos movimientos presentan algunas características que nos permiten ilustrar lo que hemos llamado "contrapoderes sociales". Primero, por el tipo de gramática que emplean, construida, como acabamos de decir, en torno a la idea de la protección de derechos. No de derechos naturales u originarios, sino de derechos reconocidos por la Constitución de sus respectivos países, derechos positivos que son desconocidos por el poder gubernamental, que deben ser protegidos. Por cierto, se trata de una visión más amplia de los derechos, que los acerca a la idea de participación, es decir que no mentan meras garantías pasivas sino la potencialidad de la acción, y terminan desembocando en una lógica de multiplicación de derechos.

Al mismo tiempo, la gramática de los derechos permite afirmar la autonomía del individuo, su libertad, que ya estaba presente en la tradición de los contrapoderes del constitucionalismo liberal, pero que aparecen aquí en oposición a lo que Michel Foucault llamara "el gobierno a través de la individualización". De hecho, la "limitación" opera aquí no solo ante el poder político, sino también contra el arbitrario y la dominación del mercado, cuya regulación el Estado social, tal como surgiera en la segunda posguerra mundial, habría abandonado por variadas razones (incluyendo la corrupción de sus agentes). La idea de contrapoderes sociales indica también que el poder, que fuera encarnado en la lógica que va del siglo XVIII al XX por el Estado (ya sea absolutista, autoritario o totalitario…), se encarna en diferentes lugares. Otros poderes, económicos ante todo, están en el centro del proceso de dominación y opresión de los individuos, controlando de hecho al propio Estado democrático (sin hablar de la prensa, que fuera concebida por el constitucionalismo como uno de los contrapoderes por antonomasia a partir del siglo XIX). Pero el carácter "social" de estos contrapoderes se ilumina también por la denuncia de la pobreza, de la precariedad, de las injusticias sociales, que son tema recurrente en estos textos.

Y el reclamo se planteaba siempre desde el lugar de "ciudadanos", categoría que alcanza una mayor especificidad para designar la parte dominada del sistema pese a ser mayoritaria en número. En ese sentido, estaríamos frente a una expresión de lo que la teoría política poscolonial ha llamado "la política de los gobernados", al menos en un aspecto crucial: "dar a un grupo fáctico de la población los atributos morales de la comunidad"[10]. En todo caso,

---

10 Ver P. CHATTERJEE, *The Politics of the Governed. Reflections on Popular Politics in Most of the World*, New York, Columbia University Press, 2004, p. 57. Por cierto, no se trataría de lo que el autor llama una "sociedad política", entre otras cosas porque, como acabamos de ver, el movimiento articula sus reivindicaciones con una gramática de derechos constitucionales (sin contar con el hecho de que entra en otro tipo de relación con el Estado que la que Chatterjee describe en las sociedades poscoloniales).

contrariamente a lo que había podido ser sostenido por algunos autores, como Pierre Rosanvallon en el marco francés, la figura de la resistencia, de la rebelión no ha desaparecido de lo político, y estamos lejos de una soberanía empobrecida, de un ciudadano negativo[11]. Por el contrario, el movimiento de indignación termina llevando también a una reivindicación de otra ciudadanía, más democrática, más amplia.

En todo caso, no cabe seguir oponiendo la idea de contrapoderes a la de democracia, como pudo ocurrir en la tradición liberal del siglo XIX. Pero los contrapoderes sociales no actúan solo en una lógica de limitación, sino que contienen también una capacidad expansiva, de "multiplicación de derechos", sin abandonar el campo del derecho constitucional por un supuesto espacio social a-jurídico, aunque lo termine ciertamente ensanchando.

*

---

11 P. Rosanvallon, *La contre-démocratie. La politique à l'âge de la défiance*, Paris, Seuil, 2006, pp. 173 y 186-187. Características que comprenderían el lado oscuro de lo que el autor llama la contra-democracia, "un conjunto de prácticas de vigilancia, de impedimento de juicio, a través de las cuales la sociedad ejerce formas de presión sobre los gobernantes, instaurando una magistratura paralela" (p. 298). Rosanvallon insiste en el hecho de que no se busca conquistar el poder, sino vigilarlo. Así, los mecanismos de control, alimentados por la vigilancia y la desconfianza, terminan remplazando a la elección.

La noción de "contrapoderes sociales" se encuentra en relación con otras nebulosas semánticas contiguas, lo que exige quizás mayores precisiones sobre su carácter relativamente novedoso en el campo del derecho constitucional.

En primer lugar, no se debe identificar los contrapoderes sociales con un actor social determinado, lo que llevaría a la postre a naturalizarlos. Su portador no puede ser esencializado, ni siquiera puede ser identificado a nivel sociológico, como, por ejemplo, lo teorizaba el pluralismo de Georges Gurvitch bajo la forma de "grupos" sociales, que, sin anular la dimensión individual, debían ser constitucionalizados como tales[12]. En su obra de madurez, el teórico de origen ruso subrayaba en su definición del grupo social la obra común a realizar que permitía configurar la actitud colectiva, y daba su carácter estructurado (o al menos estructurable) al colectivo. Con todo, Gurvitch supo ver que los contrapoderes son portadores, en su propia actividad social, de una lógica democrática. Ya antes, con una común filiación proudhoniana, Georges Sorel presentaba a los sindicatos obreros como *autorités sociales*, que, a partir de su resistencia, estaban en condiciones de

---

12 El pluralismo de hecho hacía que "la tensión entre los grupos y sus equilibrios móviles constituyan la materia social fundamental", a lo que correspondía sobre todo una técnica pluralista que debía limitar al Estado, pero instaurar también "contrapesos efectivos" a través de los grupos sociales. Ver GURVITCH, *La Déclaration des droits sociaux*, cit.

absorber, en la medida que elaboraran ideas jurídicas propias (los usos del taller y de los lugares de producción como fuente del derecho futuro), casi toda la esfera de lo político, o al menos de "ejercer un control sobre las condiciones normales de trabajo"[13]. Aunque los contrapoderes sociales no se identifican con los sindicatos obreros o los grupos sociales, estas reconstrucciones al margen del Derecho constitucional de la época dejaban ver su potencialidad, aunque ambos autores preferían insistir en una dimensión normativa, jurídica, que nos parece menos clara en su lógica de contrapoderes.

Esta lógica permite ver también lo que separa la temática de los contrapoderes sociales de la vieja cuestión del "derecho a la resistencia", noción cuya actualización ha dado lugar a trabajos particularmente ricos. Por ejemplo, cuando Ermanno Vitale, en una obra reciente, tematiza como "resistencia constitucional" la búsqueda de "la conservación de instituciones y ordenamientos que están en peligro de ser modificados, subvertidos, o que de hecho ya lo han sido, violando con ello normas consideradas como fundamentales"[14], se acerca mucho a lo que identificamos aquí como contrapoderes sociales. No se trata de ponerse por fuera del sistema, al

---

13 Ver G. Sorel, "L'avenir socialiste des syndicats", en G. Sorel, *Matériaux d'une théorie du prolétariat*, p. 120). Sobre el tema, ver Herrera (ed.), *Georges Sorel et le droit*, cit.

14 E. Vitale, *Defenderse del poder. Por una resistencia constitucional* (2010), Madrid, Trotta, 2012, p. 20.

menos del sistema de derechos reconocidos en las constituciones modernas. Pero la idea de contrapoderes sociales no es esencialmente defensiva, y no puede leerse solo como una reacción a la violación de la constitución por los gobernantes, sino que da cuenta, además, de la voluntad de restablecer las promesas de la constitución, redinamizando el poder constituyente, actualizándolo[15]. En particular, como contrapoder, se inscribe en una lógica que se aleja de la intervención excepcional (en la que se arraiga el derecho de resistencia en la tradición jurídica), para alcanzar una forma de permanencia, de presencia.

Es esto lo que lo aleja asimismo de la temática de la "desobediencia civil", que se ha visto remozada últimamente, desde sus orígenes individualistas en Henry David Thoreau –y su célebre "que vuestra vida sea un freno que detenga la máquina"– hasta sus formas colectivas y coordinadas, para pensar las formas de protesta social surgidas hacia finales de los años 1990. Los contrapoderes sociales no son una estrategia puntual, ligada a objetivos precisos (la independencia de una colonia, el fin de la segregación racial), ni tampoco un método que pasa exclusivamente por desconocer a las autoridades

---

15 Vitale, en cambio, parte de la idea, como él mismo lo admite, de que el Estado democrático de derecho es "el mejor de los regímenes posibles", lo que termina dando un carácter conservador a la idea de resistencia constitucional (ob. cit., pp. 26 y 31). En ese sentido, el fin de la resistencia es "restituir en su integridad el Estado democrático de derecho".

públicas tal como se desarrolla en la tradición occidental. Por cierto, los contrapoderes sociales incluyen
una dimensión "natural" de desobediencia, pero se
enmarcan en una lógica de intervención más amplia.

En ese sentido, nos acercamos más a lo que Michel
Foucault llamara las resistencias, en el marco de su
visión relacional del poder. En efecto, la noción de
contrapoderes sociales aparece como una "forma
de resistencia", en todo caso más próxima de las
"estrategias de resistencia" que de ese sujeto, algo
improvisado en su análisis, que Foucault llamaba "la
plebe" (y que puede ser tenido por un ancestro de
la idea de "multitud"). Aunque Foucault precisaba
que la plebe no era una realidad sociológica, queda
abierto el peligro de identificar antropológicamente
o socialmente a los contrapoderes. Foucault, en cambio, relacionaba la resistencia con algo que hay en el
cuerpo social, las clases, los individuos que escapa
de algún modo a las relaciones de poder, como un
movimiento centrífugo. Así se puede aplicar lo que
decía de la plebe a la idea de contrapoder social aquí
defendida: "no es tanto lo exterior en las relaciones de
poder, cuanto su límite, su anverso, su contragolpe;
es lo que responde a todo avance del poder con un
movimiento para liberarse de él". Como se sabe, Foucault recordaba que no existen relaciones de poder
sin resistencias, "y estas son más reales y más eficaces
cuando se forman allí mismo donde se ejercen las
relaciones de poder; la resistencia al poder no tiene
que venir de fuera para ser real […] Existe tanto más

por el hecho *de estar allí donde está el poder*"[16]. Pese a la presencia de la idea de límite, Foucault no puede pensarlo en términos de "contrapoderes", sin duda por la proximidad de este vocablo con una visión jurídica del poder que rechaza. Nosotros, constitucionalistas al fin, podemos en cambio liberarnos de ese prejuicio.

La analítica foucaultiana permite ver que los contrapoderes sociales no se ubican en una lógica de exterioridad, cuyo fin último sería el asalto, la toma del poder. Esto no impide, empero, que los contrapoderes sociales se doten de un conjunto de prácticas políticas novedosas, cuasi-institucionales (o al menos organizacionales) que terminan apareciendo como formas alternativas al poder. Pero, por definición, un contrapoder no está en el exterior del poder, no es tampoco un doble poder[17], es un mecanismo que emerge al interior del dispositivo ya instalado y ofrece, aunque más no sea por la posibilidad de manifestar públicamente, un vehículo para expresar demandas sociales[18]. Esto no significa

---

16 M. Foucault "Pouvoirs et stratégies. Entretien avec J. Rancière" (1977), ahora en *Dits et écrits*, Paris, Gallimard, 2001, t. 2, pp. 421, 425, resaltado mío (trad. española, "Poderes y estrategias", *Microfísica del poder*, Madrid, La Piqueta, 1979).

17 Sobre el punto, ver M. Benasayag y D. Sztulwark, *Du contre-pouvoir*, Paris, La Découverte, 2003, pp. 82-83.

18 Como anota con razón un trabajo reciente, la existencia y la acción de los contrapoderes están ligadas a la existencia de una libertad o derecho reconocido, lo que define el carácter

necesariamente que el contrapoder social legitime el poder, que parece más bien una resultante de la perspectiva institucional tradicional que adopta la doctrina constitucional.

En definitiva, los contrapoderes sociales no son definidos por un lugar particular dentro del sistema sino por una situación, una práctica. Es su actividad, el hecho de transformarse en vector de ciertas demandas, lo que le otorga su carácter. De hecho, esta situación social puede ser efímera. Empero, no se agota en una mera rebeldía, adquiere una forma de estabilización, que le permite, en particular, entrar en un juego con el poder emplazado, lo que, una vez más, no lo coloca por fuera del sistema, para derribarlo. Es toda la diferencia que existe entre el movimiento de los indignados y la sublevación de los pueblos de la "Primavera Árabe", que constituye un levantamiento que busca derrocar al régimen.

Pero, en oposición a cierta tradición constitucional, se debe subrayar también que los contrapoderes sociales no se identifican con una institución, ni siquiera se agotan en una forma de organización. Solo cabe definirlos como un tipo de actividad, en circunstancias concretas, aunque la idea de contrapoderes no se ubica necesariamente fuera de las instituciones constitucionales, en contraposición, sino más bien en el interior del dispositivo, entendido en sentido

---

y los límites de su acción. Ver B. Nabli, "La notion de contrepouvoir en droit constitutionnel", *Politeia*, 2010.

amplio (es decir, como un conjunto de derechos y espacios garantizados por la constitución). Para decirlo de otro modo, el juez, presentado muchas veces por la doctrina tradicional como "tercero" por arriba de la disputa, no es necesariamente un contrapoder social, aunque puede actuar de tal modo en una circunstancia precisa. En tiempos del constitucionalismo social, se relacionó a los contrapoderes sociales, por ejemplo, con la representación de intereses, y de hecho, los contrapoderes han podido adoptar formas institucionales diversas a lo largo de la historia, como los consejos económicos.

Los contrapoderes, como vectores de demandas sociales, aparecen bajo modalidades variadas: surgen de la sociedad civil, como el movimiento de los indignados, pero pueden tener también carácter institucional, como en el caso, por ejemplo, dentro de cierto marco, de un tribunal. Su carácter, una vez más, no se corresponde con una función particular, sino con circunstancias históricas dadas. Así, una corte suprema o constitucional, como ocurrió en India en los años 1980, o en Colombia en la década siguiente, puede jugar ese papel, aunque el avatar jurisdiccional parece presentarse menos en las democracias occidentales que en aquellos países donde el nivel de desigualdad social es particularmente profundo, a tal punto que las demandas más básicas de la población no se hallan satisfechas. Y esta actividad no se despliega sin la existencia de un recurso, ya sea reconocido en la Constitución, ya sea desarrollado por la propia corte, que pueda ser movilizado por los dominados con una relativa facilidad, incluso en materia procesal (lo que permite, llegado el caso, prescindir de abogados o procedimientos formales estrictos). Aquí, quizás de manera más aguda que en otros casos, el carácter de contrapoder social depende de ciertas circunstancias históricas.

En cualquier caso, los contrapoderes sociales no tienen una forma institucional *per se*, que permitiría identificarlos a partir de ciertas características. En ese sentido, la distinción que encontramos en el Derecho constitucional entre contrapoderes institucionales y contrapoderes sociales no tiene mayor valor heurístico[19].

*

Incluir en la agenda del Derecho constitucional el estudio de los contrapoderes sociales: se puede decir que nuestra ambición se agota en ello. Pero su lugar es fronterizo: la idea de contrapoderes sociales se ubica en el intervalo entre democracia y derecho constitucional, y su posición le otorga una cierta centralidad

---

19 La idea de que un contrapoder debería tener "legitimidad institucional" es típica del razonamiento de los juristas pero parece reductor (Milacic, "Le contre-pouvoir, cet inconnu", cit., p. 682). En verdad la legitimidad, si se quiere hablar en estos términos, del contrapoder es puramente democrática, y contrariamente una vez más a lo que afirma el autor, esta no tiene que ver con la norma electoral, como lo ha mostrado el caso de los indignados en España o en Estados Unidos.

como modo de articulación y de tensión de ambos campos. En nuestra óptica, sin embargo, no se busca reconstruir une nueva visión de la democracia, en la que los contrapoderes sociales quedarían encerrados en una función de revitalización de los mecanismos representativos, lo que llevaría a buscar mecanismos de institucionalización de dicha finalidad[20]. Supone, por el contrario, como nos señalan en particular los estudios poscoloniales, abandonar las teorías normativas de la democracia, como modo dominante de conceptualización.

Como vimos, se trataría, por un lado, de contrapoderes de un nuevo tipo, ya no los viejos contrapoderes tematizados por el constitucionalismo liberal. Los contrapoderes sociales no se presentan en términos de "equilibrio" de poderes, no buscan la estabilización en un sistema de pesos y contrapesos, como tampoco pretenden "moderar el poder". Se presentan en cambio como una irrupción heterocéntrica con respecto al sistema.

Señalamos también que una importante literatura izquierdista insiste en la perspectiva emancipadora de los movimientos de indignados. La noción de contrapoderes sociales defendida aquí no es necesariamente contraria a esta perspectiva, pero se debe dejar en claro tal vez que las reivindicaciones de las que ellos son portadores no se estructuran como un

---

20 Ejemplo de esta reconstrucción: el ensayo de ROSANVALLON, *La contre-démocratie*, cit., pp. 306, 310-311.

proyecto "revolucionario", en los términos en que aparecicra durante el siglo XIX y en buena parte del siguiente, aunque más no sea porque sus protagonistas no tienen una posición única[21], y rechazan toda identificación con un liderazgo concreto (en algunos casos, el carácter "anónimo" es particularmente asumido como identidad). Es justamente esa carencia de un gran relato estructurador lo que les da la forma con la que se presentan a nosotros, es decir como contrapoderes sociales.

Resulta interesante relacionar el argumento defendido aquí con ciertas concepciones, aparecidas en la segunda mitad de los años 1990 y profundizadas en la década siguiente, que intentaron teorizar la acción de movimientos que se proponen transformaciones sociales sin plantearse la toma del poder. John Holloway ha sido el primero en ofrecer este tipo de análisis para describir el proyecto del movimiento zapatista surgido en la selva Laconda, en particular en su libro *Change the World without taking the Power*. Aunque la experiencia que pretende describir es diferente de las que nos sirve aquí de punto de partida, nada impide que lo relacionemos

---

21 Por ejemplo, en el manifiesto "¡Democracia real ya!", de mayo de 2011, se puede leer: "Unos nos consideramos más progresistas, otros más conservadores. Unos creyentes, otros no. Unos tenemos ideologías bien definidas, otros nos consideramos apolíticos… Pero todos estamos preocupados e indignados por el panorama político, económico y social que vemos a nuestro alrededor".

con lo que hemos presentado como contrapoderes sociales, en particular en lo que hace a la distancia que estos movimientos trazan frente al Estado y a los partidos cuyo objetivo es la toma del poder[22]. En todo caso, en su concepción adorniana de la negatividad, las resistencias cotidianas, las prácticas que buscan alejar de la lógica del capital operan como poderosas palancas, creando lo que Holloway llama "una dinámica de auto-emancipación social". El rechazo, la desobediencia, aparecen como puntos de partida que conducen hacia estas prácticas de auto-emancipación. Pero esto supone partir de los intersticios y, más aún, de organizarlos, aunque sabiendo que se trata no tanto de un modelo como de un principio, que Holloway encuentra condensado en la idea de "concejo"[23].

––––––––––––––––––––

22 A decir verdad, Holloway rechaza explícitamente el término contrapoderes para definir lo que llama un "poder para" (*Power-to*) o poder acción (y que se opone al *Power-over*, es decir un poder de dominación, ya que sugeriría una forma de simetría entre poder y contrapoder, lo que lo lleva a preferir el término, a mi entender susceptible de confusiones, "antipoder"). Ver J. HOLLOWAY, "Twelve Theses on Changing the World without taking Power", disponible en: http://libcom. org/library/twelve-theses-on-changing-the-world-without-taking-power

23 Según Holloway, la integración de esta forma de "organización rebelde", en la vida cotidiana, implica que se les dé una mayor importancia a los aspectos que tocan la vida y la personalidad, y que son excluidos de los partidos y organizaciones orientadas hacia el Estado, como lo expresa en el postfacio a su libro de 2002 (en francés se encuentra en "Un mouvement

Opera incluso en esa dirección el hecho de que estos movimientos asuman un concepto tan poco revolucionario para aquellos antiguos proyectos del siglo XX como el de "dignidad de la persona humana", puesta en peligro por la dominación de los mercados. "Estamos aquí por dignidad", dice la declaración por la cual los manifestantes españoles daban a conocer su decisión de quedarse en la Puerta del Sol, "para seguir reivindicando la dignidad y la conciencia política y social"[24]. Por cierto, el concepto de "dignidad de la persona humana" reivindicado por estos movimientos transforma la idea de "derechos", entendida aquí como procesos de carácter complejo que abren o consolidan espacios de lucha por la dignidad humana, como lo han puesto de manifiesto los trabajos del recordado filósofo del derecho español Joaquín Herrera Flores. Así, un derecho, una garantía no son válidos solo porque estén normados en una constitución o en una declaración de derechos, sino porque potencian en un proceso concreto la lucha por la dignidad. Lo que incluye su

---

'contre-et-au-delà'. A propos du débat de mon livre *Changer le monde sans prendre le pouvoir*", *Variations. Revue internationale de théorie critique*, 2006, p. 24).

24 Manifiesto del 18 de mayo, Madrid, disponible en: http:// madrid.tomalaplaza.net Por su parte, la resolución de la Asamblea de la Plaza Sintagma del 28 de mayo de 2011 enuncia la divisa "¡Igualdad, Justicia, Dignidad!".

pertinencia como sistema de garantías que consolida y protege los resultados de las luchas sociales[25].

Tal vez pocas palabras de nuestros idiomas latinos presenten significados tan opuestos con una etimología tan cercana como *indigno* e *indignado*. Creo que no se ha reparado aún en la profunda ruptura que se establece entre ambas expresiones. Por cierto, el prefijo *in* marca el nivel por debajo de esa dignidad. Pero es justamente el carácter activo, de la acción, lo que permite el tránsito de una situación de hecho, la indignidad, a una conducta, estar indignado. En más de un sentido, se puede decir que la palabra *indignado* es posterior a la palabra *indigno*. Si en *indignados* está también la palabra *dignidad*, podemos establecer una de esas etimologías falsas que tanto amaba Borges, y decir que *in-dignado* quiere decir volver a la dignidad, reingresar *en* la dignidad.

Las dudas, las aproximaciones, las ambigüedades que el concepto de contrapoderes sociales encierra no deberían ser un obstáculo para su trabajo teórico. Estos equívocos parecen más bien síntomas de la emergencia de un nuevo derecho constitucional, los prolegómenos a un Derecho constitucional futuro. Que, como tal, parte de un interrogante epistemológico: ¿qué puedo yo pensar como derecho constitucional?

---

25 Ver C. M. Herrera, "Filosofía de los derechos humanos en tiempos de globalización", en *Teoria crítica dos direitos humanos. In Memoriam Joaquín Herrera Flores*, Belo Horizonte, Fórum, 2011.

ORIGEN DE LOS TEXTOS

"Variation, évolution, métamorphose: les significations du concept de constitutionnalisme": B. POUDERON y J. CASAS (eds.), *Variation, évolution, métamorphose*, Saint-Étienne, Presses Universitaires, 2012, pp. 359-370.

"Démocratie, pouvoir judiciaire, droits sociaux": C. M. HERRERA y S. PINON (eds.), *La démocratie, entre multiplication des droits et contre-pouvoirs sociaux*, Paris, Kimé, 2012, pp. 61-78.

"La autoridad de la justicia constitucional": J. CAGIAO Y CONDE (ed.), *La notion d'autorité en droit*, Paris, Le Manuscrit, 2014, pp. 17-40.

"Seguridad jurídica y efectividad de los derechos sociales": C. GONZÁLEZ PALACIOS, T. RENSMANN y L. ZEVENOU (eds.), *Estrategias de consolidación de las instituciones públicas / Strategien der Konsolidierung öffentlicher Institutionen / Stratégies de consolidation des institutions publiques*, Lima, Fondo Editorial CAEN, 2016, pp. 121-131.

"La solidaridad y sus problemas político-constitucionales": *Revista de Estudios Sociales*, Bogotá, n.º 46, mayo-agosto, 2013, pp. 63-73.

"El constitucionalismo social latinoamericano (1917-1950)": inédito, sintetiza una obra de próxima publicación.

"Los derechos sociales y los fundamentos del constitucionalismo democrático": I. Garrido Gómez y J. Espinosa de los Monteros (eds.), *Paradigmas y fundamentos del constitucionalismo democrático*, Granada, Comares, 2014, pp. 91-110.

"Entre Derecho constitucional y democracia: el concepto de contrapoderes sociales": A. Viala (ed.), *La démocratie, mais qu'en disent les juristes*, Paris, LGDJ, 2014, pp. 171-184.

www.ingramcontent.com/pod-product-compliance
Lightning Source LLC
Chambersburg PA
CBHW021551210326
41599CB00010B/402